Katsumi Sasaki Presents

屋根裏のユミさんとRCと

池畑ユミ／神山典士と屋根裏編集部編

あの日、ハチ公の足元にしゃがんで見上げた空は
どこまでも青かった

何ちゃって

ほんとうは空の色なんて覚えちゃいない
ただただ青かったのか
それとも白い雲がちぎれるように流れていたのか
今となってはそのどちらも正しくて
どちらも間違っているような気がする
不確かな記憶など意味ないやと自分の脳みそ疑ったりするけど
でもね
これだけは忘れていないんだ
あの時間
あの匂い
あの音楽
そう
あの場所のこと

CONTENTS

Interviews

Prologue

1978 渋谷ハチ公前、昼下がり

とにかく、やけに空が眩しくて、待ち合わせた女子はいつまでたっても現れない。

なかばふてくされてハチ公の足元にしゃがみこんだわたしは、両手の指を丸めて作った双眼鏡で行き交う人を見ていた。

あの頃、まだスクランブル交差点に向かって建っていたハチ公の足元からは、放射状に広がる渋谷の街がよく見渡せた。

子どもの頃から極端に光に弱い目には、こうやって指の双眼鏡から覗き込めば、眩しい場所もよく見えるのだ。

「何やってんの」

ぶっきらぼうに声をかけてきたのは外道だった。

外道っていうのは、あだ名。当時人気のあったロックバンドからか、それともアナーキーな自分に自虐を込めて名乗っていたのか分からないけど、その外道がいきなり視界に現れた。


「いやちょっと」

「ユミどこでも座ってんのな」


そうだった、わたしはよく座りこんでた。

学校の廊下で、街角で、駅のホームで、地下街で。

物乞いの人は正座、ホームレスの人はあぐら、わたしは体育座り。でも友達になることは、ない。


外道は仲間の間では一目置かれる存在で、何気にジェントルマンだ。言葉は少ないけどいいヤツ。

そんな彼が、渋谷の真ん中でふてくされているわたしに声をかけてくれたこと、少しうれしかったのかもしれない。

いつもならそのままバイバイするはずが、その日に限って外道は言う。

「暇ならバイトする？」
「は？　ヤバイのいらない」
「屋根裏ってライブハウス、知らない？」
「何それ」

それがはじまり。

長い待ちぼうけをくらっていたわたしは、さすがにお腹も空いていたのだろう。「バイト料は焼きそばとコーラ！　しかもコーラ飲み放題！」の謳《うた》い文句にあっさり釣られて、あの日ハチ公から腰をあげたんだ。

外道の誘いじゃなかったら行かなかった。
そして、その後に続くいろんな物語を見ることも、あのイカれた愛すべき人たちに出会うこともなかったろう。

人は不思議な糸に惹かれあうように複雑に絡みあって
いくんだね。

待ち合わせていたのは幼なじみのM。

わたしたち性格は正反対だけど気があって、いつもケラケラ笑いあって何をするのも一緒で。そして18歳の春にそろって東京の大学へ来たのだ。

優しくて生真面目で約束など破ったことのないMが、あの時来られなかった理由は今も心が痛む。

あの日から彼女の笑顔が消えた。

人生って思い通りになんていかない。


当然ながら、わたしはそんな事を知る術もなく、外道のちょっぴり怪しい誘いに乗って「ライブハウス屋根裏」へ向かったのだ。

第一章

スクランブル交差点をわたって

スタスタと大股で歩く外道の後姿を見失わないよう、わたしは小走りでついて行く。

「渋谷センター街」と書かれた異様に大きな看板をくぐり抜け、最初の角にある喫茶「ロロ」を右に曲がってすぐ、うっかりすると通り過ぎてしまうような狭い入り口の前で外道は振りかえった。

「この上だよ」

「え、ここ?」

と、あまりに想像と違う入り口から中をのぞくと、煤《すす》けた赤褐色の急な階段が上へと続いていて、外道はひょいひょいと身軽に駆けあがっていった。


それは、高いビルの谷間にひっそり建つ古ぼけた5階建てのビルだった。

1階はパチンコ「八億」。名前は勇ましいけど店は閑散として、看板の蛍光灯は壊れているのかジージーと変な音がしている。

その上の階は、どうも怪しげな同伴喫茶らしい。

そして、入り口の隅っこに貼られた小さな板切れに、下手くそな字で「屋根裏4F」と書かれていた。

嫌あーな予感がした。

当時わたしの知っているライブハウスは、ジァンジァンとかルイードとか、ちょっと文化的でおしゃれ。なのに、ここはどうなの。入り口からして胡散臭い。

階段をあがっていくと、中は案の定、薄暗く人の気配もない。同伴喫茶はだいぶ前に閉店したのだろうか、薄汚れたガラスドアの向こうにソファやテーブルが乱雑に積みあげられているのが見える。まるで時間が止まっているようだ。なにやら薄気味悪くて先を急ごうと手すりにつかまったとたん、グラリと体ごと外側へ傾いた。何と手すりを支えるはずの鉄柱が床から外れていて、危うく真っ逆さまだ。笑えない。

わたしは一気に3階まで駆けあがり、どれもこれも死に絶え感マックスだわよと、息を切らしながら4階の踊り場を見上げた。

え。

景色が一変した。

壁一面を何重にもびっしりと埋めつくされたポスター、

落書き、イラスト、有名な外国のミュージシャンのサイン。階段の手すりには大小のチラシがいくつも乱雑に吊るされ、雑多で無秩序でどこか暴力的な空気が漂っていた。

　踊り場の奥に分厚そうな木のドアがあり、そこから籠《こ》もった音が漏れている。そしてその音に吸い寄せられるかのようにやって来た人たちが、申しあわせたように壁際に沿って階下へ並び、いつの間にか長い列が出来始めていた。


　行列を横目で見ながらドアの前まで来てはみたものの、何だか入りづらい。こう、みんなが手馴れているっていう雰囲気の中では、自分だけ完全に場違い女みたいな気がしてくる。ヤバい所来ちゃったなあと思った。

　でもここで引き返すのも「あんた負け」と言われたみたいでちょっと癪《しゃく》だし、さも常連みたいな顔して重いドアを開けた。


　そのとたん、音が怒涛《どとう》のごとくあふれ出し、まるでビルを揺らすような迫力に、わたしは慌てて店内に入り思いっきりドアを閉めた。

　ドアの音もびっくりするほど大きく響いて、わたしはスミマセンと小さくなってドアに張りついていた。――ったく、初心者丸出しだ。

でも、そのうちに少しずつ耳が音に慣れてくる。と同時に、なぜか爽やかな木の香りがすることに気がついた。

不思議に思って見まわすと、周りの壁はすべて木の板で覆われていて、ライブハウスというよりはむしろ山小屋だった。

爆音の中、外道がわたしをヒョロリと背の高い人の所へ連れて行き、大声で「これ友だち！　今日手伝える！」とテキトーな紹介をした。

ヒョロい人はわたしを一瞥《いちべつ》するとあっさりOKを出して、気がつくと「ライブハウス屋根裏」とかいう店のカウンターに立っていた。


ここからは急展開。

開場の時間になり、階段に詰めていたお客さんたちが一気になだれこんだ。

あっという間に店内は人であふれかえり、わたしは事態も飲み込めないまま見様見真似で店員さんの手伝いをしようとするのだが、要領を得なくてそのうち怒鳴られる。

「お客さんの持ってくる伝票で注文分かるからね！　コーラはこのボタン押して！」「紙コップはそこ！　だめ！　氷は後から入れないとあふれるよ！　ほらー！　あふれたー！」「ビールはこの紙コップに入れて！　え？　ウイスキー？　水割りかロックか聞いて！」

もうカウンター内はてんやわんやだ。そしてわたしもてんやわんや。

いつしか開演時間になり、最後に入ったお客さんに飲み物を渡すと店内が暗くなった。

「はあ〜やっと終わった」

厨房に腰かけて前を見ると、カウンター越しのステージで昨日までテレビで見ていた人が歌っていた。

終わったのではなく、熱狂のライブが今始まったのだ。

すぐにも手が届くような場所で、かの有名なバンドマンが聴き覚えのある曲を演っている。でもテレビで見た時とはまるで違う音楽のように聴こえる。

そうか、これが生《なま》の醍醐味なのかと急に楽しくなった。

ライブが終わって客がいなくなると、バンドマンやロー

第一章　スクランブル交差点をわたって

ディーたちは黙々と楽器や機材を運び出していく。初めて見る店員らしき人たちも手際良くこれまた黙々と後片づけを始める。頼みの外道は見当たらず、所在のないわたしは邪魔にならないように隅っこで立っていた。

店内はやけに静かで、やたら天井の低いステージは白々と殺風景で、さっきの騒ぎは一体何だったのかと、まるで夢から覚めたようなフロアを見ていた。

そしてやっとお約束の焼きそばとコーラにありついていた時、あのヒョロい人がやって来て言った。

「ユミ明日も頼むで」

……いきなり呼び捨てかい。

この人が店長だと知ったのは随分《ずいぶん》経ってから。

ほんとに変な場所に迷い込んだ。

変だけど、昔から知っていたような、懐かしい匂いのする場所だった。

はじまりの夜

しばらくして正式な店員になった。

初出勤1日目は遅番で、初めて夜の屋根裏。

リハーサルがそろそろ終わる頃だと思いながら、少し緊張して扉を開けた。

またロックな音がガツンと来るのかと思いきや、やたら艶《なま》めかしい音楽と野太い笑い声が充満していた。

ステージ中央では、パンツ一丁で真っ赤な羽根ストールを巻きつけた長髪の変なおじさんが踊っているし、彼の周りをこれまた怪しげな男たちが囲み、奇妙な格好で演奏したり裸で踊り狂ったりしている。

誰。

何。

やめて。

するとレジの向こうで先輩店員のあつ子さんがおいでおいでしている。

「あああーあつ子さああああん！」と彼女の元へ駆け寄った。

あつ子さんは優しい。こんな小汚い場所に似合わない清楚でオトナで頭の良さそうなお姉さん。今夜もいつものその優しい笑顔で、「タイムカード押してね、伝票はここよ、釣り銭はね」と教えてくれた。そして「じゃあがんばって！」と長い髪をなびかせて颯爽《さっそう》と店を出ていった。

は？

ちょちょちょっと待って。

そういえば彼女のなかば強引な誘いで店員になったのだ。あつ子さんは店を辞めたくて自分の代わりになる子を探していて、焼きそばにつられてやって来たわたしに目を止めたのだそうだ。

ハチ公前から初めて店に来た日の後も、ちょっとした手伝いで屋根裏に行くことがあったが、わたしはまだ学生で、実は生まれて初めてのアルバイトで、いきなりヘビーなライブハウスはちょっと荷が重かった。だから、のらりくらりと逃げていたのだけど、あつ子さんはいつもあの優しい笑顔で誘う。

「ユミちゃんバイトしようよ、ね、ユミちゃんは大丈夫って店長も言ってる。ね、ユミちゃんバイトしよう！」

最初に会った時から優しかった。優しいお姉さんだった。

「分かりました」と返事をした時のあつ子さんの喜びようったら。「わーありがとう」と何度も頭をいい子いい子された。そんなに喜んでくれるのはうれしかったけど、なぜにそんなにも辞めたいの？　と聞きそびれていた。

でももう、そんなこと後の祭り。

今夜、待ってましたとばかり、まるで何かから解き放たれたように嬉々《きき》としてあつ子さんは屋根裏から去って行ったのだ。

ああ、あつ子さあああん。

しかし泣いている暇はない。

すぐに開場の時間になり、またしても急展開だ。

わたしは伝票とボールペンを握りしめてレジの前に立った。オーダー出来るのはビールとコーラと……今夜のチャージは？　ああ、つり銭間違えませんように……。

するると見るからにロックな男が「アンタだあれ？」と怪訝《けげん》な顔でやって来た。まるで不法侵入者のように見るので、「わわわたしは今日が遅番初めてで」と名前を名乗るとロック男は急に笑顔になり「俺マットね、よろしくねユミ」って、またしてもいきなり呼び捨てにされてポンと優しく肩を叩かれた。

いつの間にか店長も横に立っていて「レジは僕がやるからオーダー取ってなユミ」と優しく肩を叩かれた。

ここの人は誰でも呼び捨てで、肩を叩くのが好き。


「大丈夫！ ほらモーリ君もマットも店長も助けてくれるから」と言っていたあつ子さんの言葉を思い出した。

そうか、あの人がマットか。時々店を手伝ってくれるミッドナイトクルーザーってロックバンドの人ね。そして今、「ごめんごめん」と遅れてやってきた優しげな兄さんは先輩店員のモーリ君。厨房の中の人が準備オーケーと合図をくれる。あれは誰だっけ？ でもまあいいや。みんな和やかだし優しい笑顔を向けてくれる。

一気に安心したわたしは「では開場しまーす！」と声をあげた。


あの夜の出演者が誰だったのか覚えていない。

でもあの最初の夜に、大きな赤い羽根を巻きつけ踊っていた強烈なおじさんだけは忘れない。

おじさんの名は、波田野紘一郎。
ライブハウス渋谷屋根裏を作った人。

屋根裏3人娘、時々おじさん

渋谷の真ん中にあるライブハウスなのに、なぜか店長はバリバリの関西弁なのを不思議がっていた人は多い。

でもそんなことより彼は「ロックを知らない長田店長」。これはかなりの衝撃。でも誰にでも悪びれずに「僕はロック知らへんから」とニコニコ話す。

ロックなライブハウスの店長はロックが苦手って、コントみたいだけど、実際、彼は考古学に熱心で、地球規模の大いなるものにロマンを求めるインテリ大学院生だった。

そんな店長に、時にはミュージシャンたちが陰で文句を言うこともあったけれど、でもね、それは本当の店長の姿をみんなあまり知らなかったからだ。

店長は何に対しても嗅覚鋭く研究熱心で、それは音楽に対しても同じだった。毎晩ライブを店の奥でじっと聴いていて、これぞ本物と感じると必ず次回の出演交渉をした。そして、チョイスは素晴らしかった。

だから店員はロックを知らない店長を、ちゃんと認めていたんだ。

その不思議店長ご自慢の屋根裏3人娘がいた。

アッちゃんはスタイル良くて少しトンがったモデルタイプ。マオちゃんはふんわり妖精みたいな森ガールタイプ。ユミちゃんは南の海からやってきた自然児タイプ……これアタシ。

彼は、店に来た誰かれ構わず「どや、うちの子たち可愛いやろ？」と自慢する。そしてアッちゃんやマオちゃんには容姿や性格を褒めてご機嫌を取る。ところが、わたしには「ユミは地面に足がちゃんと着いている感じやな」とか何とか、多分褒めたつもりなんだろうけど、わたしは地面からズンと生えた大根を連想して少しもうれしくなかった。

店長とやけに仲良しだった変なおじさん……いや、波田野さん。

彼は不定期に店に顔を出して店長と揃って銭湯へ出かけ、風呂あがりに一杯ひっかけてきたよーとタオル片手に上機嫌で帰ってくる、まったくお気楽コンビ。時には、ふたりで何やら過激なイベントだのシンポジウムだのを企てていた。

波田野さんは、わたしの顔を見る度に「アータ名前なんだっけ?」と一向に覚える気もない。そのクセあれこれ用事を言いつけてくる。

店員になって間もない頃、こんなことがあった。

店の電話が鳴って「波田野ですけど、僕の家から重要書類を取って来て屋根裏に置いといて」と言う。

「家の場所はNHKのすぐそばで、ふたつ目の信号の角を曲がって。すぐ分かるから大丈夫」らしい。

「いつも鍵は空いていて誰でも出入り自由だから大丈夫」らしい。

「もしかしたら誰かいるかもしれないけど気にしないでいいから大丈夫」らしい。

そして電話が切れた。

ちょっと待て。

やっぱりこれは何かの罠で、そのアジトに行くと拉致されて、どこかに売られるのではないだろうか、ライブハウスとは表の顔で裏では巨悪な犯罪組織が……などと妄想が膨らむ。

冗談に聞こえるかもしれないけど、本当にそう思ったのだ。だってここは東京、何が起こってもおかしくないんでしょ？

何だかんだ尻込みしていると店長が「波田野さんはＮＨＫのプロデューサーだよ」と教えてくれた。ＮＨＫの人なら大丈夫な神話時代、そっか！ＮＨＫのおじさんならと単純に安心したわたしは、言われた場所へ向かった。

住所をたどって行くと、閑静な住宅地の中に今にも壊れそうなボロっちいアパートがひっそりとあった。想像していたのとはあまりにも違っていたので、天下のＮＨＫのディレクターが何でこんな所に住んでいるんだろうとビックリした。

指定された部屋に恐る恐る入ると、やっぱり何かがすっぽりと布団に包まって寝息を立てている。男か女か、いやもしや動物かもしれない。この際何でもありうるのだから。

わたしは息を潜め足音を立てぬように部屋に入り、指示された茶封筒を取って一目散に表に出て逃げるように屋根裏に帰った。

PHOTO ／三文役者スタッフ SANA

30年経った今でも気になる。
一体、あの布団の中身は何だったのだろう。

狂乱の12 to 24

とにかく何から何まで型破りな波田野さん。

彼は1975年に渋谷の雑居ビルのワンフロアを借り受けてライブハウス屋根裏を始めた。

当時、演奏する場の少なかったロックバンドにチャンスを与え、聞かせたい無名のグループもどんどん出演させ、夜だけではなく昼の部も設け、またリハーサル場に恵まれないグループの面倒も見る！　だから閉店時間は決めない！

それがロックなんだと、既存のライブハウスに殴り込みをかけるように屋根裏を作ったのだ。

そんなカッコいいこと言っているわりには、時々屋根裏出入り禁止になる変な創始者でもあった。

そんな彼が、情熱を注いで作ったライブハウスは当然規格外。営業時間は12時から24時まで、昼夜2回のライブ、1日6バンドなんて事もあった。


平日の昼の部は、まだ経験も浅い無名のバンドマンたちの力試しの場所。

少し出世すると土日の昼にブッキングされる。さらに出世すると晴れて夜の部へ昇格する。とはいえ、そんなに簡単じゃない。だから、みんな夜の部を目指してひたすら腕を磨いた。

新人バンドの登竜門とでもいうべき昼の部に出たい人たちが大量にデモテープを持ちこむので、月に一回「新人デー」を作り、出来るだけ多くの人がライブをやれるようにした。

「バンドはライブで成長する」が屋根裏の暗黙のポリシー。


対照的に夜の部は、当時の有名どころミュージシャンたちが名を連ねた。

ロック＝不良という概念は少しずつ薄まり、徐々に市民権を得始めていた頃だけど、屋根裏に出ていた人たちは、当時のニューミュージック系の派手さはなくて、有名どころの不良たちばかりだった。大体、ニューミュージック系の音楽事務所は屋根裏を避けていた、と思われる。

そういうわけで、小屋は不良でいっぱい。

馴染みのバンドマンたちは従業員価格という原価で出すお酒で大いに酔っ払い、笑い、議論し、ついにはセッションも始まって、気がつけば朝ということもあった。

そんな狂乱の12 to 24

たとえば夏の暑い日。

11時30分、いつものように屋根裏の鍵を開ける。

店内に入るとすぐに巨大なエアコンのスイッチを押して、グイーーンと起動する音に胸を撫でおろす。なぜならこいつはよく壊れるヤツで、毎朝賭けみたいにボタンを押すのだ。うんともすんとも言わない時、本日のライブは地獄と化す。今日は機嫌がいいみたい。

まずは店で飼っている金魚に餌をやって、お気に入りのレコードをかけながら軽く店内の掃除を始める。

喧騒の前のしばしの静けさだ。

12時、「今日よろしくお願いしまーす!」と、昼の部のバンドマンたちがどかどか入って来る。

出演者は「子供ばんど」。

いつもとびきり元気なタニヘー君に、女子に人気のトーベン、ゆうさんは今日も沢山のドラムセットを持ってあがって来る。ストレートに弾けるロックンロールとボーカルうじき君のミニアンプを頭に乗っけて弾きまくるパフォーマンスで、徐々に人気があがってきた期待のバンドだ。

今日も混みそうだ。

小屋つきPAの大関がトレードマークの赤いバンダナ巻いて出勤した。

手慣れた手つきで紙煙草をクルクル巻いてのんびりふかしている。いつも平和な人だけど、音の事になると頑固な人に変身。それは相手がメジャーだろうと大御所だろうとお構いなしで、「出来るもんは出来る！ 出来ないことは出来ない！ だけど最大限の努力は惜しまないぜ！」てな職人気質。だからか、バンドマンにはすこぶる評判が良かった。子供ばんどは大の仲良しだから、今日は平和なリハになりそうだ。

新人バイトのナリタも白い紙を得意げにちらつかせて入って来た。彼はお試しで厨房担当にされたのだけど、とたんに保健所の検査が入り店を存続するには講習が必須で、「ナリタ、お前が行くべし」となった。しかもその時間は時給もつかない。

人の良い彼は泣く泣く講習に通っていたのだけど、今日晴れてその衛生管理なんじゃらの許可書を持って偉そうに出勤してきたわけ。これでもう保健所に脅されることもなくなると、うれしそうに許可書を厨房の壁に貼った。

そのナリタが厨房でギャアと叫ぶ。

何とコーラの出る機械が壊れてドロドロした黒い液体だけが出て来るという。

大変だ、早く修理！ 早く業者！ 時間がない！

オープンして3年、何もかも無許可過ぎるし、壊れ過ぎる屋根裏。ほぼ毎日のように大なり小なり事件が起こった。

一日として同じ日はない。まあ楽しいといえば楽しいのだけど……。

12時30分。バンドセッティングとリハーサルして13時30分客入れ。

14時昼の部始まる。終わって片づけ。昼の機材出しが終わると同時に夜のバンド入る。

17時30分からバンドセッティングとリハーサル。客入れして19時夜の部始まる。

22時終演だが、あくまでも予定。その後未定。何もか

踊る波田野。　PHOTO／大森裕之

も未定。365日年中無休。

屋根裏に入って半年ほど経った頃、先輩店員がひとり抜けふたり抜け、ついには全員いなくなった。

自慢の3人娘も解散してわたしだけが残った。

わたしは渋谷から歩いて帰れる池尻大橋にアパートを移し、終電を気にせず働ける環境が整ってしまい、そのうえ学校を中退したものだから、さらにさらに長時間働けることになった。

いつの間にか昼も夜も働くハメになり、一日の大半を屋根裏で過ごしていたら、いつしかウーパールーパーみたいに色白になった。

すべてはバンドマンのために理想を求めた店だったよと、いつか波田野さんが言っていたけど、利益も追わずひたすらユートピアを目指した無謀でクレイジーな店だった。

そのツケは、いつか回ってくることになる。

それは店員のわたしにもね。

Interview《インタビュー》

うじきつよし（子供ばんど）

取材文・神山典士／撮影・大森裕之

とにかく向こう側に立ちたかった
10代半ばで出会った
ロックという魔物との半世紀

小さい音でも何か面白いこと人がやっていないこと小さなアンプがあった

「うじきくんはね、頭にアンプを乗せてステージに走り込んできて、テーブルの上に飛び乗って演奏してましたよ。凄いエネルギーだった」

「ほんと、変な奴でしたよね」

インタビューは、「屋根裏」での子供ばんどの演奏をスタッフとして見ていたユミとの会話から始まった。うじきはその言葉に懐かしそうに優しく表情を崩す。

青山の瀟洒《しょうしゃ》な事務所。外は冷たい雨が降っている。60歳を越え、白髪も混じったうじきのひときわ柔和な笑顔と柔らかな物腰が印象的だ。

そりゃ迷惑な話ですよねぇ。机の上で演奏しちゃまずいよねぇ（笑）。当時被っていたヘルメットとちっちゃいアンプは自分でくっつけたんです。屋根裏はデカイ音が出せたけど、当時出ていた柏のクレイジーホースってとことか、デカイ音出せないお店もいくつかあった。近所の人に文句言われたりして。

だから小さい音でも何か面白いことできないか、人がやっていないことが出来ないかと考えたときに小さなアンプがあった。同時に少年野球のヘルメットのてっぺんに穴が空いているのがわかって、ボルトで止めてみたら見事にくっついた。最初は自分で作っておきながら格好悪いと思って被るのは嫌で抵抗したんです。でもバンドのみんなにおされてね。音がウルサイって怒鳴り込んできた人もその姿を見たらびっくりしていたので、こりゃいいなと。エレキウクレレを繋いだらお客さんも喜んでくれたんで、その後定番になって屋根裏にもそのスタイルで出たんです。

当時の屋根裏の印象は何といっても天井が低いこと。ロック界でも有名なんじゃないかなぁ。ジャンプすると頭が当たっちゃうし、ギターも天井に突き刺さっちゃう。あと搬出入が地獄でした！　エレベーターなし！　アンプからドラムフルセット、長く続く階段を4階まで手あげ。アルバイトして必死に手に入れた楽器なので、マーシャル三段積みや巨大な棺桶みたいなベースアンプ、V−4Bも全部見せたい（笑）。ところがベースのトーベンは腰が悪いってサボるの。みんなから非難ゴーゴーですよ。

ヒーヒー言いながら運びあげてると、

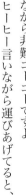

2階のキャバレーロンドンのお兄さんに怒られたり、超ミニスカのお姉さんにからかわれたり。苦行だったし、スカートの中身が気になったけど、それを耐えてこそ真のバンドマン！　ぐらいの気合いでやってたなあ。

俺たちのやたらデカイ音を工夫してまとめてくれたのが、音響スタッフの大関陽一サン。関ヤンはその縁で、その後も活動休止の88年まで、子供ばんどの専属スタッフに加わってくれて、全国津々浦々、共にツアーで駆け巡りました。

憧れのバンドが続々と屋根裏に出る一番前の席を陣取って

そもそも僕らが屋根裏に出させてもらったのはデビュー前です。池袋ヤマハのスタッフに勧められて「イーストウエスト」に出たのが79年。そこで優勝して80年にレコードデビューするんですが、屋根裏に出始めたのは76年頃だからデビューの全然前。自分たちとしては、「もう屋根裏に出ているんだから俺たちプロじゃん」という気持ちがあって、アマチュアのコンテストで落ちるわけにいかないという緊張感がありました。トーベンなんて最後まで嫌がってたな。俺はプロだからって。あいつは73年に「ハート・オブ・サタデーナイト」で、すでにプロデビューしてたから。永遠の17歳とかいっちゃって（苦笑）。

子供ばんどを作ったのは僕が高校1年の時、都立大学付属高校の学園祭にバンドで出たくて、中学の同級生（世田谷区立船橋中学）を集めたのが始まりです。その時、バンド名として考えたのが「子供ばんど」。結局メンバーが変わっても活動休止してもバンド名だけがずーっと残ることになるんですが。

高校にはちっとも行かずに、地元（小田急線の祖師谷大蔵）に近い下北沢に昼間っから入り浸っていました。「マリ」って、当時金子マリさんのお母さんがやってた喫茶店で、コーヒー一杯でずーっと

うじき、子供ばんど時代。屋根裏での貴重なライブショット。

粘ってた。

その頃はちょうど関西から強力なミュージシャンが続々上京してきた時期でした。ソーバッドレビューの石田長生さんや山岸潤史さん、それにチャーさんがジョニー吉長さんと一緒にやり始めた頃で、錚々《そうそう》たるメンツがズラッと「マリ」でたむろしてた。とにかくそういう人たちの近くにいたくて下北に通ってた。

最初、屋根裏には観客として見に行っていたんです。オープンが75年12月で、しばらくしてから通うようになりました。当時見ていたのは、金沢から来ためんたんぴんとかTバードの前進の越中屋バンドとか。越中屋はツインドラムでギターが3人、めちゃくちゃサザンロックで綺麗にハモる。音もすごくいい。とにかく憧れのバンドが続々と屋根裏に出るんで、一番前の席を陣取ってとにかく近くで見たかった。そんな場所でした。

うじきつよし。１９５７年９月18日生まれ（63歳）。愛称はＪＩＣＫ。73年15歳の時に中学校の同級生と「子供ばんど」を結成。79年ヤマハ主催の「イーストウエスト」でグランプリ受賞。うじきと谷平耕一がベストギター賞、山戸ゆうがベストドラム賞を受賞。出演に最後まで難色を示した湯川トーベンはゲスト扱いだった。

80年キャニオン・レコードからファーストアルバム「ＷＥ ＬＯＶＥ 子供ばんど」を発売。湯川が正式メンバーとなる。

83年ＥＰＩＣソニーに移籍。リック・デリンジャーのプロデュースのもと、「ＨＥＡＲＴ ＢＲＥＡＫ ＫＩＤＳ」をリリース。アメリカでミニアルバムを発売、シングル「ＪＵＫＥ ＢＯＸ ＲＯＣＫ'Ｎ' ＲＯＬＬＥＲ」をリリースする。

ステージは週末の土日 日曜の昼間が 一番集客がよくて

その後、トーベンと出会うんです。下北沢ロフトで対バンだったんだけれど、先輩なのに自分たちが先にやるという。しかも始まったらぜんぜん終わんない。

結局、俺たちの残り時間は15分ちょっと。何だよと思いつつ、それでも何とかやり終えたら、トーベンが「お前らなかなかやるじゃん」と陽気に話しかけてきた。

西部警察の大門ばりのサングラスにベルボトムジーンズで、ぶっきらぼうだけど、どうも気に入ってくれたようだった。ちょうどベースの阿部王子が、エアコンのない楽器車での真夏の移動がキツく倒れかかっていたので「じゃあオレが手伝ってやるよ」って話になった。

そしたらすぐに、トーベンが座間とか横田の米軍キャンプの仕事を取ってきたんです。一日3、4ステージでオリジナルをやってもさっぱりウケないから、コピー曲で何とか繋いで。ブーイングが出るとトーベンが歌い出す「グルービン」に必死についていく（笑）。

屋根裏で最初に会ったのは長田店長ですよ。物すごい関西弁で「お前らな。

俺は音楽やロックは分からへんから」と言う。デモテープ渡して「んじゃやってみな」ということになったんだと思います。

よく覚えてないけど、昼間のステージで最初は3つくらいのバンドと対バンで、ふたつになりワンマンになりという感じだったと思います。それから、だんだんとお客さんも増えてきて、一度夜の部に移るんです。当時は昼の部は新人バンドで夜の部はRCとか一流バンドが出ていました。

でも僕らはまた昼に戻った。だって昼の方がお客さんが入ったから。お客さんは男女高校生で、ステージは週末、土日でしたね。日曜の昼間が一番集客がよくて、スケジュール取るのは結構大変でしたが、融通してくれたんだと思います。

その頃の渋谷は若者の遊び場ではなかったです。西武デパートやパルコは結構盛りあがっていましたが、センター街は大人の街。だっさ〜いくっさ〜い飲み屋街って感じで、公園通りはありましたが、ちょっと外れると暗い街。僕ら昼間に出ていて、ライブ終えたらぐったりで、夜の部のバンドとの入れ替えだから搬出も急がされて。渋谷で遊んだ記憶はあんまりないな。

屋根裏のRCは
ブレイク前夜で
すごいギターバンド

あの頃の僕はステージが始まっちゃうとかーっとなって、ちょっと変なパフォーマーだったんじゃないかな。曲間でもとにかくよく喋ってエネルギーがあふれてましたね。清志郎さんとは全く逆。清志郎さんはステージでもぼそぼそ喋るタイプでしたからね。

昼間が子供ばんどで夜がRCっていうこともあったんですよ。今思うと夢のようなカードで、清志郎さんがふらりとやってきて、気がつくと楽屋にいるようなこともありました。牛乳ビンの底みたいなメガネかけて。

覚えているのは、清志郎さんがうちの女性マネージャーに、「何でトーベンはメイクをしているんだ？」ってすごく一生懸命に聞いていたことです。子供ばんどの最初の頃、トーベンはすごくメイクしていたんですよ。大きなイヤリングなんかもして。照れ隠しだったのかな？

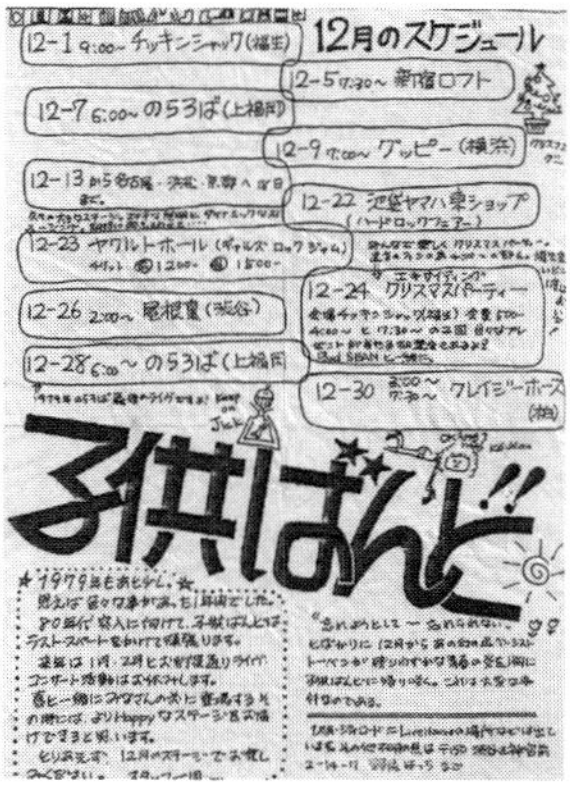

当時のフライヤーと「ロッキンf」1982年5月号。

清志郎さんはそれがすごく気になったみたいです。その後、清志郎さんがパンクみたいなメイクをするようになったんで、結構だぶってますね。

そもそも僕がRCを見だしたのはフォーク時代からです。ファンでしたから中学のころは野音にも行きましたよ。ステージで座って演奏する3人組の時から見てます。だから友人でもある小川銀次が入ってロックになったときはびっくりしました。

銀ちゃんは昔からギターヒーローで、クロスウインドという彼のバンドもすごく人気があった。四人囃子かクロスウインドかと言われるほど、僕らはすごいと思っていた。その銀ちゃんがRCに入るっていうからびっくりして、「全然前と違うじゃん、どういうことなの?」って。しかもチャボさんとのツインギターでしょ。あの頃の屋根裏のRCはブレイク前夜で、ホーンセクションとかないからすごいギターバンドでした。

その後、メジャーになったRCには結構可愛がってもらって、各地の学園祭とか大阪のジャンジャムとか福岡、名古屋、札幌のドーム公演とかで前座に入れてもらいました。

もちろん僕らにもどこかで「ライバルだ、負けちゃいけない」って気持ちもあって、清志郎さんもあの調子で「おいコドモ、お前ら潰してやる」と言うから。僕らも生意気だったから「ふざけんじゃねぇ」みたいに言い返していたんですが。

その時、うじきの言葉を遮るかのように、ユミが口を挟んだ。

「でも屋根裏では子供ばんどのほうがRCよりお客さんは入っていたでしょう」

確かにあの頃、全国どこのライブハウスにいっても子供ばんどは動員記録を持っていた。フォーク時代のRCはもとより、ロックに変わったRCよりも動員は多かった。

とはいえそのうじきですら、バンドという魅力にとりつかれてしまってからは、どんなに派手なステージを繰り広げていても、精神的には暗黒の青春時代を送っていたという。それまで語っていた明るく無邪気な青春時代にも裏があったのだ。

「日本のロック史 ANGLE OF ROCK(ぴあ)」に収録されている屋根裏での子供ばんど。撮影はヒロ伊藤。

かっこよすぎじゃん あのステージに 出たくてしょうがなかった

最初に高校で作ったバンドは3人編成

だったんですが、高校3年までは都立高校の学園祭荒らしみたいに言われてアマチュアではちょっと名の知れた存在でした。デビューアルバムに入れるオリジナル曲もすでにあった。目黒区民会館とかでライブをするとそこそこお客さんも入ったし。その頃は学校なんか全く行ってなくて、バンド一色の生活でした。

ところがドラマーがすごく上手かったんでコスモスファクトリーっていうバンドに引き抜かれて、その後、ガロの日高さんとやったりするようになる。ベースは後のビーイング（B'Z、TUBE、ZARDなどが所属するプロダクション）に移っちゃった。すごいちゃらい野郎で（笑）歌も歌えて口八丁手八丁で一番人気があった。その後はTMネットワークのツアーに参加したりね。

ふたりが高校卒業の前後に抜けて僕ひとりになっちゃって、そこから2年間くらいは何をやっていいのか分からなかった。だからさっき言ったように、下北に通っていたのは、バンドの匂いのする所にいたかったんだと思います。それはチャンスを見つけるためなんて言うよりも、音楽の近くにいたいという衝動だった。

ジョニー・ルイス&チャーのライブの時なんか「手が足りなかったりしませんか？」なんて言いながら楽器や機材を運んだりしてた。「お前来る？」なんて言われて喜んだり。野音も行きましたよ、手伝えば楽屋に入れるからすごくうれしかった。

その頃にベースの安部君が、「そんなことしてるとうじきはダメになるって」って、上福岡にいいやつがいると引きあわせてくれたのがギターの谷平耕一とドラムの山戸ゆうだったんです。

最初は安部君も一緒に、4人で始めたんですが、彼は他にもいろいろ挑戦したい音楽があって、ツアーに出るのは難しくなった。暑さに弱かったし（笑）。そこに、ひょっこりトーベンが現れた。まさに渡りに船でした。

つまり子供ばんどという名前はずーっとあったんですが、残っているのは僕ひとりだけ。その頃はカセットに自分の曲を入れて、いきなり「これやってくれない」といってセッションすることも多かった。

そういう暗黒時代が2年弱あって、その時客として屋根裏に見に行ってたけど、ステージが危ない煙でもくもくしていて（苦笑）。かっこよすぎじゃんと思って、なんとか向こう側に立ちたくて、あのステージに出たくてしょうがなかった。その思い出が屋根裏の最初の記憶なんです。

屋根裏に出させてもらえるようになってから、練習でお世話になっていた池袋のヤマハのスタッフが「イーストウエストに出てみなさい。デビューの道に繋がるから」と言ってくれて、躊躇《ちゅうちょ》しながらも出場したというわけです。あの時は、当時はディスペナルティというバンドだった氷室京介君とかアナーキーもいましたね。

当時、小室哲哉さんがいたスピードウェイってすごく上手いバンドとステージで一緒になったとき、僕はボーカルのウツ（宇都宮隆）にツカツカと近づいて「お前らいいよな、色んなことができて。俺らはひとつのことしかできないからさ、よろしくね」と言ったらしいんです。

　ウツはその時「こいつすげえ気合い入ってる」と思ったらしいんだけど、何だそのひがみ丸出しの捨てぜりふは。自分では全く覚えていないけど、本当に失礼なヤツですよね。ＲＣに対してもライバルだなんて言いながら心では大好きだった。清志郎さんたちに色々聞いておけばよかったんだけど、生意気だから話せなかった。それは心残りですね。

久保講堂に出て日比谷野音に出て次の夢はメジャー

　複数のライブハウスに出られるようになった頃には、そのギャラで何とか食えるようになりました。屋根裏は入場料収入のほぼ全額をもらえたので、その上がりが地方に出るガソリン代、高速代になった。

　レコードデビューが決まり、楽器車も中古のマイクロバスに昇格した。その車検証に前の持ち主が「伊藤 敏」って書いてあったんです。その時は気づかなくて、けどある時「敏いとうじゃん！」と。ハッピー＆ブルーの使ってた車だったんです。後に『夜のヒットスタジオ』で一緒になった時、敏さんにそのことを伝えて、「クーラーなしは、バンドマンの鏡ですね！　僕らも真夏は窓全開で鍛えてます！」と言ったら「あぁ、僕は乗らないからね」と（苦笑）。実は楽器とスタッフのためのバスだった。僕らにとっては屋根裏時代にやっと手に入れたバンドマンの憧れ、最高の中古マイクロバスだったんだけれど（笑）。

　そして久保講堂に出て日比谷野音に出て、次の夢はメジャーだと思ったんです。ただメジャーに出たら、もうライブハウスには戻れないなと思っちゃった。ふりだしに戻っちゃうような気がして。

　今ならアメリカに行こうが武道館に出ようが、その後にライブハウスに出ても全く問題ない、むしろやったほうがいいくらいなのに。ビッグにならなきゃい

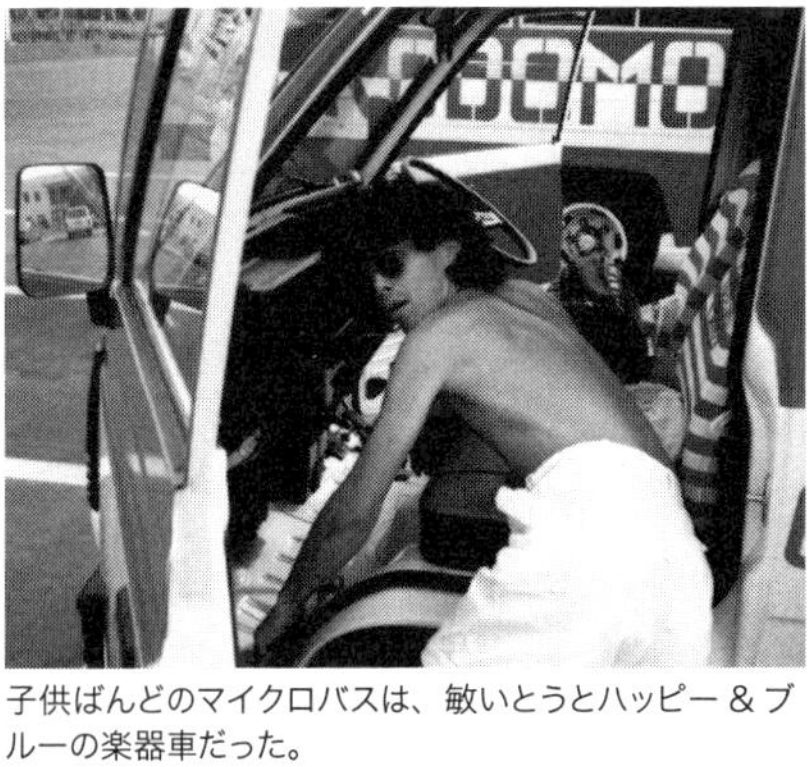

子供ばんどのマイクロバスは、敏いとうとハッピー＆ブルーの楽器車だった。

けないというイメージに縛られちゃったと、今さらすごく思います。

82年。子供ばんどは「ライブハウス・ラストツアー」と銘打ち、ライブハウスからの卒業を宣言する。それはアメリカに進出するという覚悟の現れでもあった。83年に移籍したEPICソニーとの契約を1年で解除して84年に渡米。レコーディングやクラブ・ギグ等を精力的に行い、セルフプロデュースで「ROCK & ROLL WILL NEVER DIE!!」をニューヨークで制作。インディーズレーベルから発売した。85年の冬にもニューヨークに滞在して「HUNGRY BOY」を完成させた。だがアメリカのショービジネスは厳しい。やがて4年後。古巣のキャニオンレコードに戻ることになる。

とにかく本場のエンタテインメントビジネスに憧れて、マディソンスクエアガーデンでやりたいとかアメリカに住むしかないとか。ニューヨークやロスでショーケースライブをやりましたが、その時はウケてもショービジネスに繋げるのは難しかった。なかなか思うようにいかなかったです。

86年には一度辞めたキャニオンレコードに戻って、今度はアニメの「北斗の拳」のテーマソングやテレビアニメの主題歌を歌ったりして、それがセールス的には最大のスマッシュヒットになりました。

でもメンバー的には「これはロックか?」と思っちゃう。何か違うぞってね。そう思う世代だったんですね。その辺が不器用だったと思います。

その後、88年にライブ2千本を達成して、すべてやり尽くしたという理由で、子供ばんどは活動を休止しました。解散ではなく休止にしたのは、やっぱりどこかで自分たちにとって、失いたくない大切なものだったからだったと、今は思う。

でも2011年に復活できた最大のパワーは、僕らをずっと忘れず大切に愛していてくれた人たちの存在です。

それだけは間違いないです。

その後、うじきは秋に行う下北沢でのライブのことや、ネット配信を使ったライブの試みなどをうれしそうに話した。

まもなく活動半世紀を迎える子供ば

んどと、うじきつよし。今年もうじきは歌い続ける。頭にアンプは乗せていないにしても、あの時と同じように。「向こう側に行きたい」という夢を、今も追いつづけながら。

1979年製うじきオリジナル・ヘルメットアンプは健在。

うじきを囲む子どもばんどのメンバー。谷平耕一 (Vo & Gt)、湯川トーベン (Vo & B)、山戸ゆう (Vo & Ds) はロック魂を忘れてはいない。

PLOFILE
うじきつよし（本名 氏木毅）
1957年9月18日生まれ。A型乙女座。
ボーカリスト、ギタリスト、俳優。
高校時代に子どもばんどを結成1980年、「ファーストアルバム『WE LOVE 子供ばんど（キャニオンレコード）』でメジャーデビュー。その後、アメリカに渡り活動するが、帰国後、1988年に活動停止。2011年活動再開。1989年、五社英雄監督の『226』で俳優デビュー。
吉川晃司やアンルイスらのサポート・ギタリストとして参加。、ミュージシャンのみならず、俳優や司会者など様々な分野で活躍。出演は、映画『未来の想い出』、『ロボコン』、舞台「マランドロ」、「兵士の物語」、「チャリダー！（NHK-BS1）」など多数。

海から来た少女

わたしは南の島の小さな港町で育った。

唯一舗装された大通りが町の真ん中に通っていて「中央通り」と名前は立派だけどほとんど車も通らない道路で、ほぼローラースケートの練習場になっているような、そんなのんびりした町。

ただ港はとても活気があって、漁船を繋留した市場では毎朝色とりどりの魚が水揚げされて賑やかだった。

旅客船や自衛隊の灰色の艦が横づけされる時には、大通りを白いセーラー服の水兵さんや制帽制服の船乗りたちが闊歩《かっぽ》して、いつもよりおしゃれして歩く若い女の子たちも通りに出て町は一気に華やいだ。

そんな山と海に囲まれた小さな町がわたしの全世界だった。

大通りには2階建ての映画館があった。

娯楽の少ない町での最大のエンタテイメント場はいつも人で溢れかえって、仕事を終えた両親は産まれたばかりのわたしを連れて映画館へ通ったという。

「ユミは映画館で字を覚えたんだよ」と、よく両親に言われた。

ニュース映画のスクリーンに向かって「あれはユミのユ！あ

れはミ！」と大声で指差すものだから、お客はいつも大笑いだったよと聞かされた。

そんな有名人なので、小学校にあがるまで映画館はスルーパスの遊び場だった。

風呂屋の番台みたいなモギリの横を抜けて館内の上と下を行ったり来たり、そのうち映写室に潜り込むと、そこは埃っぽくって暑くて、カラカラ回る映写機が小さい窓から眩しい光を放っていた。ヤケドするから近寄ってはいけないよと毎回外に出された。

扉の向こうから聞こえる映画の音楽や台詞、ドッと沸く笑い声、張りつめた空気、鼻を啜《すす》る音。色んな感情や想いが解き放たれてはいつか消えていく場所。

屋根裏に初めて足を踏み入れた時、なんだか懐かしい匂いがすると思った。

それはきっとこの映画館の匂いと、どこか似ていたのだろう。

ある日、屋根裏の厨房で日記代わりのノートを開いていたら、いきなりヤスオが横からのぞきこんだ。

彼は半分店員で、ロックボーカリストでバイリンガル男子。今日も小ばかにしたように、「日記？ 海？ それペンネーム？」と笑いながら聞いてくる。誰にも見られたくないわたしの最高秘密だったのに。


ヤスオはだいたいにして可愛くない。

店長自慢の3人娘に向かって、「君たち化粧濃すぎ」とか、「若いんだからナチュラルに」とか、「その服は田舎くさい」とか、いちいちうるさい。出演者の英語の発音には特に厳しくて、あれは×だの◎だのといちいちうるさい。でも、とりあえずだいたいにおいて正しかったので、なおさら腹立たしい……。


わたしは秘密をのぞかれた恥ずかしさに、バシッとノートを閉じて声を荒げた。

「アタシ海から来たの!! 悪い？」

あまりの剣幕にヤスオは目を真ん丸にした。

「それにアタシは琉球王の親戚みたいなもんなんだから！」

シンセキ？ ヤスオは思いきり吹きだして笑った。

PHOTO ／ Morio Kirara

ますます腹立たしい男。

でもさすがに琉球王を出したのはマズかった。

我が家にまことしやかに伝わるルーツ話なのだけど、これを言うと大体みんな笑う。


ヤスオが屋根裏を辞める日、ユミこっち来いっていう、あのいつもの偉そうなジェスチャー。これが最後だと思い仕方なくそばに行くと、

「えーっと。海はユミに似合ってるよ」

何よそれ……。

ヤスオは、「化粧は薄く！」と言い残して店を出て行った。


屋根裏の話はこのノートに書かれたものが元になっていることが多い。

小さな海の町から東京にやって来て、化粧も覚えてハイヒールも履きこなし、いっぱしのオトナぶって都会の街角を流していたけれど、本当のわたしは目的を失くして不安な毎日を綴るしかなかったノート。

タイトルは「海」。

表紙は半分破れている。

ロンドンと姫と黒服と

店員になって最初に気づいたのは、屋根裏で働きたい人が沢山いるって事。

どうすればバイトできますかってよく聞かれた。

「ハチ公の下で座っていればよろしい」とも言えないので、募集はしていないと伝えると無給でもいいからと諦めない人が多く、それでも無理だと言うと残念そうに帰っていく。タラ〜ッと店員になった自分が申し訳ないような気がした。


そんな若者は全国にいるらしく、屋根裏で仕事すると書置きして家出した地方の少年少女を探しに、時々警官が訪ねて来た。

「こんな子はいませんか、こちらで働いているはずなんだけど」と写真を見せられる。

もちろんそういう子はいないので、「いやいません」と答えると訝《あや》しげに店の奥に目をやり、「本当に?」としつこい。あげくに、ところで君はいくつなのとこっちにまで疑惑の目が向けられる。ライブハウスというだけで犯罪の巣窟《そうくつ》とでも思っているようだった。

警官たちはそれ以外も、通報だ、ケンカだ、駐車違反だとやって来る。

2階3階がキャバレーロンドンに変わってからは、警官に加えて、ロンドンの強面《こわもて》の兄さんたちが頻繁にやって来た。「音がうるせー」「入場待ちの客が邪魔だ」「こっちの営業時間に楽器の搬出やめろー」と何だかんだイチャモンをつける。後からやって来たくせにとにかく偉そうなのだ。「タンバリンやマラカス鳴らして拡声器でハイハイハイ♡とあおる声はどーなのよ！そっちの方こそうるさい!!」

と言いたい気持ちをグッと抑え
「すみませーん気をつけまーす」

とニッコリ笑顔で謝ると、最初はいきり立っていた兄さんたちがだんだん落ちついてきて、「ったくう気をつけろよぉー……」とかなんとか言いながら帰っていく。

毎日そんなことの繰り返しなのだけど、かろうじて平穏を保っていた。


でもロンドンが文句を言いたくなる気持ちも分からないではない。

だって元々の薄汚れていた階段にふかふかのレッドカーペットを敷き詰め、黒服兄ちゃんたちはがんばって1階の入り口で呼び込みをする。ところが屋根裏の入場待ちの客が大事なカーペットにゴミ捨てるはタバコの吸殻は捨てるはで、「れっきとした営業妨害だろう！」と言うのである。

まあだから穏便にいくように対応していたのだけど、この様子を見かねた店長の兄、チョーさんが登場してから事態は益々混沌《こんとん》としてヤバくなった。

チョーさんはビルの5階の事務所兼楽屋で管理業務をしていた中々の強烈な人物。

ある日、「みんな大丈夫や、これがある」と日本刀を抜いた時には、わわわ、三島由紀夫じゃないんだからそれいらないからとなだめた。刀が本物だったか確かめる勇気はなかったけど、どこまで本気か冗談か分からないのが屋根裏の人々。

毎日のように続くロンドンとの闘い。

そもそも全く違う文化のキャバレーとライブハウスが一緒のビルにあるのが無理な話で、当然彼らは自分たちとは違う人種だと思っていた。

ただ、姫（ホステス）たちは屋根裏に興味津々で、バンドマンの気を惹くかのようにわざわざ階段で着替えたり、ロンドンが暇な時にはぞろぞろやって来て、ドアの隙間から珍しそうに店内をのぞいたりしていた。

でもすぐに階下から黒服の怒鳴り声がして、「あーっ！ここ来ると黒服に怒られるからあ！」とキャーキャー帰っていく。

ふりふり超ミニの制服を着たお姫様たちは、わたしなんかよりずっと逞《たくま》しくて明るかった。

あるライブの夜、またしてもオールバックの黒服の兄ちゃんが入ってきた。

ああまたかと、ウンザリしながらいつものように愛想笑いで対応すると、その日は様子が違っていた。

ちょっと聴いていいかな。

黒服はそう言った。

わたしは拍子抜けして、う、うん、いいけど、みたいなこと言ったと思う。

好きなんだよね、このバンド……。
黒服はそう言った。

よくよく彼を見たら、わたしとそう違わない歳に見えた。
何だ、わたしら一緒じゃない。
たまたま違う場所で出会っただけ。

そのバンドは、少しもの哀しいバラードをやっていた。黒服は一曲聴き終わることもなく、「ありがと！」とロンドンに戻って行った。
その後、彼を見ることは二度となかった。

今夜もライブが終わって店を閉めた。

走って終電に間にあって、やっとアパートにたどり着く。
やけに静かな部屋が落ち着かなくてテレビをつけると、
深夜にしかやらないＣＭが流れる。

楽しいロンドン、愉快なロンドン、ロンドンロンドンロンドン……。

ああまたかと、わたしはテレビを消した。

階段ものがたり

「屋根裏とは？」と聞かれれば、あの階段だと答える。

どこの世界にあんな急階段を4階まであがらなきゃたどりつけないライブハウスがあるだろうか。特にバンドマンたちは、楽器や機材を持ってあがってくるのは大変だっただろう。

店にはピアノやドラムやアンプも常設していたし、JBLの特大スピーカーも迫力のある良い音を鳴らしていたはずだ。

それでもバンドマンたちは自分の機材にこだわり毎回せっせと重量級の機材を持って階段をあがってくる。

ギタリストはマーシャルうん台積みがお気に入りらしい。キーボード奏者に至ってはアホみたいに重くて長いオルガンとアンプを持ちこんでくる。50kgだよ4階だよエレベーターないよ？


いつだったか運ぶ途中に機材が落っこちて階下のドアを打ちぬいた事件が起こった。あの時は奇跡的にドアだけで済んだけど、一歩間違えば死人が出る魔の階段なのだ。

どんなに若くてもマッチョでも、途中の踊り場で力尽きて喘ぐバンドマンたち。

もっと最悪なのは、ライブ後にまた同じ機材を担いであの階段を降りなきゃならないってこと。行きも帰りも汗と涙の流れる「地獄の階段」だった。

あの頃のバンドマンたちに「屋根裏とは?」と問えば、きっと「あの階段」と、笑いながら答えるだろう。音楽云々の前に体力と根性を試された稀有《けう》なライブハウス屋根裏。

ある日のこと。

「あの階段をあがればいいの?」と、受話器の向こうから聞こえる母の声に仰天した。

階段? 屋根裏の?

今しがた島から羽田に着き、駅前の交番で「屋根裏」の場所を尋ね、近くの公衆電話からかけていると言う。

えらいこっちゃ。

なぜならわたしは、渋谷のおしゃれなビルのおしゃれな喫茶店「屋根裏」でバイトしているはずだったのだ。こんな小汚い不良の巣では困るのだ。

「す、すぐ行くから1階のパチンコ屋で待ってて!」と電話切り、店長に事情を話し少し時間をもらった。店長は、「お母さんに挨拶せんでええか?」などと優しいことを言うので、そんなとんでもないですぅ〜（むしろ迷惑！）と店を出た。

階段を駆け降りながら、さては姉貴たちが告げ口したなと思った。

先週のことだ。わたしが学校をやめて怪しい場所で働いていると聞いて心配した姉たちが、突然ライブ中に訪ねてきた。あの時、姉たちは長い階段に息切れしながらやっと到着したかと思ったら、あまりの爆音とカルチャーショックに愕然《がくぜん》として、結局、何も言わずに早々に帰ったのだ。あの日のライブは「裸のラリーズ」。バンド名からしてヤバい。

多分そんな話を聞いて、母が飛んで来たに違いないと思った。

パチンコ業界の主流はすでに電動フィーバーだったけど、ここは昔ながらの手打ちの台が店の半分を占めていた。出玉の行先を微妙な力加減で上手く狙うと球はくるくるとチューリップに吸い込まれ、真ん中のルーレットもくるくる回って球が出る。技半分。運半分。

母はそのパチンコ台で1個ずつゆっくり球を打っていた。品行方正、良妻賢母、百人一首とシェークスピア好きな文学少女、そしてパチンコ好き。

なかなかレアキャラな母親だ。


隣に座ってわたしも球を打ち始めた。

ふたり無言。

ちょっとイイ感じに球が出始めた時、母は「お父さんとは他人になった」と言った。

予想外の話に言葉が見つからず「あ、そう」と答えた。

何か言わなきゃと、気もそぞろで打っていた球は次々にチューリップに吸い込まれ、トレイが満杯になって、隣のおじさんが気を利かして大きな箱を持って来てくれた。

こんなヘビーな話の時に出まくるパチンコ。


時間が来て、残った球をおじさんに譲って店を出た。

階段の前で「お店見てみる?」と誘ったけど、母はため息まじりに首をふり「ちゃんとご飯食べなさい」と一万円札を手渡して帰って行った。

そんなやり取りを、知らんふりして聞いていた黒服と一緒に、センター街の人波に消えてく母の後ろ姿を見送った。
あの時の母は、今のわたしより若い。
言葉にならない寂しさや、不器用な愛の意味が分かるのは、ずっとずっと後のこと。

PHOTO ／三文役者スタッフ SANA

用心棒

ユミ屋根裏入店時、ビルの2階3階は同伴喫茶であったが、しばらくしてキャバレーロンドンとなった。

1階から3階へとつながる階段には赤いジュータンが敷かれ、「ハッスル！　ハッスル！」とオヤジたちが集う。

階段はバンドのメンバーが機材の搬出搬入をする。営業妨害だとトラブルとなり、黒服の怒鳴りこみは日常茶飯事。

男性スタッフでは、ことが大きくなるので対応はユミの役目であった。


「気をつけまーす」

当初は引きさがっていた黒服の行為もエスカレート。荒っぽいクレームの嵐となった。

そんなある日、店長・長田の兄、チョーさんがスタッフを招集。

「みんな大丈夫やーっ。ワイに任しとけ！」

スタッフ一同、息をのんだ。

チョーさんの手には、
磨き上げられた日本刀が……。

ヨウジンボウ
黒服《ロンドン》との抗争
お前らうるせぇぞ！
勝ち目は…ナイ！
屋根裏に行きづらくって困っちゃうよ…

ワイに任せとけぇ
シャキーン
ダーッ
店長の兄ちゃん…迷惑だからぁ
日本刀って…

画／Tabby RECORDS

4F 屋根裏
最高に登りづらい階段
3F
2F

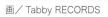

第二章

わたしは忌野清志郎さんに初めて化粧をしたらしい
何十年も経ってから、写真家 岡部好さんの写真集で知った
あの時、わたしが渋谷のライブハウスでアルバイトをしていたから
ただそれだけの小さな出来事だった

けれどその1枚の写真は、記憶の片隅にもなかったはずの「渋谷屋根裏」を唐突に呼び起こし、あの頃の光景や出来事がまるで昨日のことのように鮮やかに甦ってきては、わたしの心の奥底に眠っていた何かを思いっきり揺さぶった

伝えておきたいことが沢山あるんです
わたしはたまたま今こうして生きているから、わたしの知っている彼らを伝えておきたい。だって、あんなにも素敵だったから

わたしの知っているRCサクセションです
あなたの知らない、もしくは忘れていたRCがいるかもしれません

出典／「忌野清志郎が聴こえる 愛しあってるかい（アスコム）」神山典士より

暇な屋根裏と暇な清志郎

年中無休の昼夜ライブをしていた屋根裏にも、時々、ぽかんと空いた暇な時間があった。

昼の部が終了し、夜のバンドが機材を持ってやって来る間のほんの小一時間ほど。一応は喫茶店として営業していたけれど、めったにお客は来ない。


そんな時に清志郎はひとりでふらりと来る。

肩まである髪にキャップ帽をかぶり、肌が白くて、まるで栄養失調の少年みたいに。

決まってホットコーヒーを注文すると、いつも店員が座るパイプ椅子に腰掛けて飲んでいる。

時には喫茶目当ての客が入って来るけど、誰ひとり清志郎には気づかないし、興味もないらしい。

そんな1978年の夏のこと。


今日もあの独特な喋り方で店員たちと、とりとめのない話をしていた。

それは音楽の話でもなく楽器の話でもなく、ましてや次のライブの話でもない、どうでもいいような世間話をぽつりぽつりと。

そしていつの間にかすぅーっといなくなる影の薄い人、それがわたしの記憶の中の清志郎。

彼は、っていうかRCメンバー全員の普段は、およそステージからは想像もできないくらい穏やかで無口。当然ながら楽屋でも地味に静か。時折メンバーの誰かが（ほとんど清志郎が）マニアックなギャグを言うと「何だそれ」ってひとしきり全員で笑って、そしてまた静寂が続く。

本番前に楽屋に飲み物を届けてもちっとも楽しそうじゃないし盛りあがらないし、毎回お通夜ですか状態なのだけど、決して不機嫌というわけじゃなく、むしろ静かにご機嫌なのだ。

このちょっと変わったRCの事を、屋根裏の人たちはなぜか気に入っていた。大した理由はないので、単に相性が良かったとしか言いようがないのだけど。

特に清志郎はあまりに通ってくるので「屋根裏の店員になったら」と笑ったこともあった。でもバイトのテツを映画に連れ出すのはダメだからね。

そんなある日、清志郎が焦って店に駆けこんできた。

「か、階段に裸の女が‼」

その頃ビルの2階3階がキャバレーロンドンに変わった時で、若いホステスさんたちが、なぜか階段の踊り場で着替えていたのだ。

とにかくあの日は大騒ぎで「これはヤバくないか!」「屋根裏のイメージ悪くなるんじゃないか?!」「これではお客さんが入りにくい‼」「まずいよ裸は‼」とか、それっぽい事話していたのに、次の瞬間に誰もいなくなった。

清志郎を先頭に店の男たち全員が、ホステスの着替え見学ツアーに行ってしまったのだ。

何なんだ、さっきの討論は。

ただひとり残ったわたしは「男のバカ‼」と叫びながら床の掃除をしていた。

後に、ツアー参加者の店員ナリタが、お着替えしていたホステスさんと愛の逃避行をしちゃうんだけど。それはまた別のお話。

お客が入らない

当時の屋根裏には有名バンドや話題のミュージシャンたちがゴロゴロ出演していて豪華ラインナップ。

屋根裏のキャパは通常80名ほどだけど、オールスタンディングにすれば100人〜150人位はお客を入れることが出来た。だから人気バンドの日は、大きなテーブルやベンチを5階の事務所兼楽屋まで運ぶハメになる。しかもこのテーブルときたら笑い事じゃないくらい重い。毎回必死の形相で運ぶのだ。

でもRCの時は全くそんな心配はなかった。

だってちっともお客が入らない。

一応大御所だし名前も知られているはずだし、事務所も割と立派だし、何てたってローディーがついているバンドはそうそういない。

ところが、お客が入らない。

多分この頃はすでに、「とっくに忘れられたフォークグループ」カテゴリーに分類されていたと思う。

デビューは1969年、都立日野高校3年生の時。それから「僕の好きな先生」なんてスマッシュヒットもあったけど、その後は鳴かず飛ばず。「RCってまだやってんのか?」

と小ばかにしたような言葉を何度も聞いた。

土曜の夜のゴールデンタイムにブッキングしてもお客はせいぜい客は5人から10人。そりゃあ、テーブルを移動しなくていいのは助かるけど、それじゃ店はペイしない。


実は屋根裏の経営はギリギリだったのだ。

出演者には今のようにノルマを課さないし、チャージはほぼ全額バンドにバックした。

だから有名どころの出演する夜の部は、最低50名くらいは入れてもらってドリンク代で稼ぐしかなかった。

長田店長の「このままでは屋根裏つぶれるで〜」って、何で店員のわたしが脅されるのか分からないけど、とにかくなんとかしなきゃ！　だった。


出演バンドの皆さんは覚えているだろうか、それまでサービスだったり激安店員価格で出していたドリンクやフードが急に定価になっちゃった時。そうあの頃です。ちなみに店員も有料になって泣いた。

で、お客の少ないRCをどうするか。

「平日に移動？　…土日の昼？　…う〜ん」って話を散々したあげく、やっぱりRCは外せないでしょ！ということになり、それなら屋根裏が客を連れてこよう！になった。いつしか音楽云々より客が入るバンド優先主義に傾いていた店長まで「そうやなぁ！」だった。

RCはあの派手な格好になってからロックをやり始めた訳ではない。ちょっとしか客の入らない時から、今と同じくすごく熱くてソウルフルなステージを演っていたのだ。だから、渋谷を歩いている人を屋根裏に誘《いざ》なって、RCのライブを観てもらえれば絶対好きになってくれると思ったのだ。

うんと効率の悪い方法だけど、わたしたちに出来るのはそれくらいしかない。

その頃からわたしは、ビルの1階の入り口やセンター街の真ん中で、キャバレーロンドンの黒服の兄ちゃんにビクビクしながらお客の呼び込みをするようになる。

「ライブハウス屋根裏はこちらでーす！　今夜はRCサクセッションでーす!!　むちゃくちゃカッコいいでーす!!」

店長の兄、チョーさんの用意した「屋根裏」と書かれたのぼり旗と手書きのプラカードを持って、恥ずかしいなぁと思いながらも大声を張りあげていた。

でも道行く人は 素知らぬふり。それどころか奇異な目を向けながら遠巻きに過ぎて行く。

あの頃の渋谷、真っ当なお仕事についているような大人たちが行きかう街だった。そんな場所で、屋根裏？ RC？ ロック？ 何それ？ って感じなのだ。

たまにビルの入り口に向かう人がいても行先はキャバレーロンドン。呼び込みの兄ちゃんが勝ち誇ったように大声で言うのだ「はい〜！ 3名様ご案内いい〜‼」

またまたロンドンの圧勝だ。

のぼり旗なんか持って何やってんだろアタシ、て思うとどんどんネガティブになってくる。

そもそもRCはそんなにカッコよいのか？

時代は目まぐるしく動いていて日本にも新しい音楽がバンバン生まれていた。ありとあらゆるジャンルの音楽がキラキラと脚光を浴び始めて音楽シーンは賑やかだった。

PHOTO／三文役者スタッフSANA

そこに「昔いっとき流行ったRCサクセションがロックになって帰ってきました」なんて言ったところで、誰が振りむくのって思えてくる。

そんなわたしの葛藤も知らないで、店長と兄は相変わらず「屋根裏ですよー」と騒いでいる。

そして、ふと横を見るとRCのマネージャーS氏が一緒に声を張りあげていた。

「RCサクセションでーす！　屋根裏でーす！」

Interview《インタビュー》

平野悠（ロフト創始者）

ライブはステージと客席で丁々発止があって客は息吹を体験していく

取材・神山典士／文・大竹香織／撮影・大森裕之

俺たちがロックを引っ張ってる意識があって新宿ロフトを出してるんです

74年に荻窪ロフトを作ったときに、高円寺次郎吉と吉祥寺曼荼羅ができて。新宿ロフトを作る前、下北の後に屋根裏できたんですね。当時は中央線の文化が流行ってて、ジャズが中心で吉祥寺のファンキーとか、メグやジャズ道場、ぐゎらん堂とかありましたね。

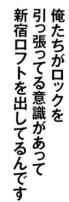

　僕らは「三寺文化」と言ってて、高円寺、吉祥寺、国分寺というね。音楽、映画から演劇から、三寺文化が勢いを持った時代でした。でも僕の判断としては、「もう中央線は終わってるな」と。失礼ですけど、音楽シーンでは終わってると思っていました。

　ロフトはライブハウスって名前もない時に作った小屋です。僕は高揚した無茶苦茶なロックがわーっと出てきた時代の生き証人だから、レコード会社もロックなんか興味を示さなかった時代に、「俺たちがロックを引っ張ってる」みたいな意識があって、下北の後に新宿ロフトを出してるんです。

そこに開拓地みたいなことで、屋根裏、ルイードや銀座にメイツができて、音楽の場がそれまでの途中駅からターミナルに移っていった。そういう遍歴がある中で屋根裏ほか新宿にもライブハウスができたということでちょっと、焦った記憶がありますね。「これはやばい」という感じ。しかも屋根裏は無茶苦茶なことをやってたからね。

屋根裏はすごい 僕らが憧れちゃうぐらい 真似できないことやる

僕は屋根裏のスケジュールを見て、面白そうなバンドを見に行ってた。パンクだってそうだよ。一番初めに手をつけたのは屋根裏ですからね。

優秀で、すごくいいバンドなんだけど、客が入らないバンドを入れるんだ。僕らはとてもブッキングできないバンド、客が全然入らないよというのを平気でやる箱だった。スピーカーが、ぶっ壊れても平気でさ、3か月4か月やってるわけよ。これは何なんだよというね。それくらいの粗っぽさがあった。

しかもミュージシャンは下のキャバレーに怒鳴られてね。みんな階段で機材を運ぶ。「よく、こんな所でよくやるな」と思ってました。しばらくたって昼、夜、夜中、1日3回やり始めるんだよね。ジャズのピットインもそうだった。

昼にやったって客なんかいないんだよね。屋根裏に何回も行ったけど、客より出演者が多いことがザラで、仕事になってるのかなと。ともかく客なしでPAや照明、従業員を動員してライブをやれる屋根裏はすごい。僕らが憧れちゃうぐらい、真似できないことやってくれる。だって客が入るかどうか関係ないんだから。

清志郎さんは「分かりました」って屋根裏に行っちゃった

うちでもRCは全然客が入らなかったからね。それでも何年か出ていて、ついに、「清志郎さん。悪いけどもうちょっと」って。客が3人か4人で、もう僕は1年待ったと。そしたらね。清志郎さんは「分かりました」って屋根裏に行っちゃった。パンタもそうだ。パンタは客が入ってたけど、僕と反りがあわなくて屋根裏へ行っちゃった。

　客が5人だった柳ジョージは2回でやめましたよ。カシオペアなんか客ゼロが3回続いたんですから。ほかにもいっぱいいます。客が入らなくて頭抱えたバンドはね。これはもうどうしようもなくてね。駅の新聞の売り子が巨人好きなのは巨人が勝つと新聞いっぱい売れるからでしょう。同じで理由で客の入らないバンドはどっか斜めに見てしまう。

　僕は、「RCがいいバンドだから、何とかしよう」という風には思わなかった。辛すぎたから、だってそうでしょう。客が3人でミュージシャンが5人で、ギャラを払うんだよ。あの時代はバンドが自分でチケットを売ることもないし、フライヤーもない。すべて小屋の責任なんです。

　今はどのライブハウスでも入った人数のパーセンテージバックでしょう。うちは初め全額返してたんですよ。「チャージはミュージシャンのものであって、店のものじゃない」と。僕たちは飲食で稼ぐんだっていう意識があったから、結構長いことそうやってたんですけどね。


平野悠は1944年生まれ。大学時代に新左翼運動にはまり、大学をやめて郵政省に入省し、労働運動に従事した。逮捕歴3回にして70年に逃走。73年に西荻窪ロフト、74年荻窪ロフト、75年下北沢ロフト、76年新宿ロフト、ライブハウスを次々にオープン。さらに80年には、ロック居酒屋・自由ヶ丘ロフトを開店させた。

屋根裏にはぶっ飛びますよ 潰れるとか関係なし アナーキーですよ

　僕は商売だから、お仕事だから。スタッフに飯も食わせなきゃいけないしね。だから1973年に、西荻ロフトにビジネスのフォーマットを作ったの。

　オープンした当初はギャラ制だった。いわゆる昔のグループだとかグループサウンズからの流れで、ルビーズだとかグループサウンズの生き残りがあった。彼らとの契約は1バンド1万5千円ですからね。

　ライブハウスを作って3か月でわかりました。ライブってのは客が入らないもんだと。その時代はミュージシャンも客も少ないわけだから、どんなに音楽が好きでもライブハウスなんて作れないん

1975年にオープンした下北沢ロフト。当初は下北沢の住人である金子マリ、彼女と仲がいい上田正樹や桑名正博など大阪のミュージシャンを中心にブッキングしていた。

ですよ。
ビジネスの仕切りを作ってチャージバック制にして、最初から自分ですべて作っていった自負がある。簡単な話ですけど、「客は入らない。でもライブ続けたい、どうしよう」っていうことになるわけです。そこで僕は、昼の12時から5時まではロック喫茶、金・土・日・祭日の5時からライブハウス、10時から朝の4時までをロック居酒屋にしたわけです。

これがあるから僕のところは長生きできたの。あのままライブだけやってたら潰れますよ。だから屋根裏にはぶっ飛びますよ。潰れるとか、従業員の給料あるなしなんて関係ないんだからアナーキーですよ。でも屋根裏さんにはいろんな恩恵を受けてる。それこそ東京ロッカーズやフリクションがちょっと客が入ってるという情報が入る。それならうちでもやれるかな、とかね。

だから最終的には屋根裏よりうちの方がちょっとはメジャーだった。世間に出ていくための、踏み台としてはロフトが一番良かったのかな。古いだけ、ただ古いだけなんだけど。

屋根裏で最後に覚えたのはローグなんだよね。あれはね、えらい。屋根裏だけで確実にブレイクしたバンドだから。

無節操さは屋根裏だったからかっこいいんだよなあ

屋根裏の経営者がロックを知らないのは、すぐ分かりました。「僕は会計士です」って言ってたから。「なんか音楽好きの若い連中が来て勝手にやってんですよ」って。彼が知らないからこそ、音楽好きが屋根裏を作って、好きなことが出来たんだと思います。僕なんて音楽が少しわかるから、あれこれ文句言うわけじゃないですか。長田さんが何も言わなかったから、あんだけのすごいことができたと思ってます。

つまり常識外。79年にRCがブレイクするけど、「屋根裏でブレイクするなよ、お前」っていうさ。僕はもう、「もう1回。ロフトでやってくれ」って言えないじゃないですか（笑）。

ほかにショックだったのはサザン。サザンの連中の2人は正規のバイトで、桑田も下北ロフトでいろんなバンドを勉強して真剣だった。うちはどんなへたくそでもつまらなくても、店員バンドには月1日は補償して必ず出したんですよ。

そしたらサザン、下北ロフトで夜の土曜とか金曜取ってるのに屋根裏の昼間にやってるんですよ。桑田に怒鳴ったことある。「いい加減にしろよ、お前ら」って「節操もねえじゃねえか」って。

誰もサザンに注目してなかったんだから。それにうちの店員バンドでしょう。で、客は入らない。まあしょうがない店員でね。でも、うちはよいしょしなきゃいけないのよ、安い給料で使ってるから。

初めてサザンが『ザ・ベストテン』に出た時は新宿ロフトから中継したんだけど、桑田にこんなパフォーマーの才能あったかとびっくり仰天したくらいですから。その点屋根裏は、「サザンはすごいんだやってればいい」っていう考え。そういう無節操さは屋根裏だったからかっこいいんだよなあ。

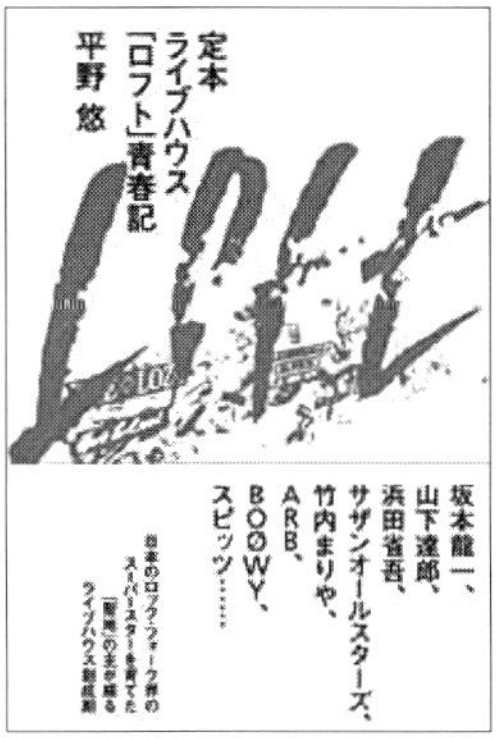

著書「定本 ライブハウス『ロフト』青春記」は2012年講談社より刊行された「ライブハウス『ロフト』青春記」を加筆修正、新刊として編集された。ピースボート渡航で出会った女性との恋愛小説「セルロイドの海」。2020年6月2冊同時に発売(ともにロフトブックス)。

新宿ロフトを出すんだけど強引に店を増やしたのは第一列にいたいという思い

屋根裏ができた次の年に新宿ロフトを出すんだけど、強引に店を増やしたのは、第一列にいたいという思いからなんです。だけどライブハウスは悲しい存在なんだよ。売れたら出ないんだから。

僕はサザンでもBOØWYでも、とにかく契約をしたかったの。年3回うちでやるとか、ミュージシャンの権利を持つことに何度も挑戦したけど、日本ではできなかったですね。結局はライブハウスは、ただの小屋なんですよ。「来て、はい、さよなら」で帰っていくだけのね。

売れたらね、「100とか150じゃやれない。俺たち今千人を相手にしてるんだから」で「そんだけギャラくれる?」みたいなことを言われたらもうおしまいなわけでしょう。初めは怒りましたよ。あれだけ客が入らないでもやってたのに売れたら1回も出ない。「ふざけろ、殺してやる」ぐらい思いました。こっちはこれだけ赤字抱えてるんだから。

ライブハウスで満タンにして、できたらロフト2デイズをやる。そうするともうレコード会社が必ずついてきて、ロフトに出なきゃロックじゃないっていう、ロッカーじゃないっていう時代もあったんです。

でも彼らにとっては踏み台で、次は渋公(現LINE CUBE SHIBUYA)、その次は武道館を目指してがんばってるわけだから。「ああ、ロフトに世話になったからやりましょう」なんてないでしょう。売れたらもう出ないというね。これがライブハウスの宿命ですからね。

平野はこの言葉通り、77年にレコードレーベル「ビクター／ロフトレーベル」、94年にプロダクション「ピンクムーン」、95年にレコード店「タイガーホール」を立ち上げる。ビクター内のレコードレーベルは、ピンクレディーや岩崎宏美、松崎しげるが所属する第一制作本部に配

属された。ロックが分からない芸能セクションで、本部長とケンカになりビクターを去る。

日本のロックが市民権を得たのは76年新宿ロフトを作った時

72年に正式に解散しますけど、はっぴいえんどの登場で、日本のロック事情が変わるんです。はっぴいえんどは、いわゆる日本語ロックでした。「日本語で歌って何が悪い」という、内田裕也さんに対するアンチテーゼです。

それまではロック日本語論争というのがあって、裕也さんがいつも言うんだ、「ロックは英語で歌わなければ世界に通用しない」と。「俺たちは世界に出ていくんだ」だから「ロックは英語で歌え」と。するとミュージシャンのほとんどがコピーバンドばかりになるんですよ。竹田和夫や四人囃子もさ、内田裕也さん系はね。

そこを突破したのは頭脳警察とか裸のラリーズとか、いわゆる日本語で歌うバンド。でも曲の半分以上英語だった。

やっぱり、はっぴいえんどの登場、大瀧詠一、細野晴臣、鈴木茂、松本隆の存在は大きかった。あれで日本中の至るところからバンドが生まれるんです。「生まれて、目指せ東京」と。その後の、はっぴいえんどの流れは、シュガー・ベイブとか、はちみつぱいかな。

そして日本のロックが市民権を得たのは、76年と言われてるけど、ちょうど新宿ロフトを作ったときなんですね。新宿はオールスタンディングで立ち見だったら300人近く入れた小屋ですから。千人集まれたライブインが潰れてから、日本で一番大きなライブハウスになった。

新宿にあったリキッドルームもそうだったけど、大きな箱は一発で終わるんですよ。千人近くが跳ねてごらん。振動でビルが揺れるんだから敵うわけない。

でも本当に火がついたのは78年くらいからです。意識のある人たちは、「これからはロックの時代だ」って言ってました。ライブハウスにも、レコード会社やプロダクションが入り込むようになって、やつらの青田買いが始まるわけですね。

青田買いで契約金何百万も出すわけじゃないですか。そうするとそんな金を手にしたことないミュージシャンがいっぱい出てきて、流れていくんですね金に。

大手のレコード会社から「こういう風に作りなさい」「こういう恰好しなさい」「こういう音にしなさい」「こういう歌詞にしなさい」って言われるのを、彼らは泣く泣く飲んでいくんですね。

当時、お客さんはそこそこに増えていったから、ライブハウスがどんどん認知されていきました。もちろん、入らないバンドは全然客入らないし、今も若い子たちは、「無名でいいから、お金を出して聴いてみよう」って発想はないです。あとは観光客がね、「新宿ロフト行ったよ」ぐらいしかないと思いますよ。音楽を聴くっていうのは、今でも昔でもその程度で、それは変わらないような気がします。

ライブを観るというのは「体験」映像見たりCD聴くのは「経験でしかない」

残念なのは今のライブハウスっていうのは、演奏が終わったら客はみんな帰るでしょう。「それは違うだろう」って僕はよく言うんだけどね。音楽って、ライブを観るというのは体験なんだ。映像見たりCD聴くのは単なる経験でしかない。

長いことずっとロック喫茶とロック居酒屋やって、音楽家のたまり場になっていった。特に下北は僕がロフトを作ったときには全くの田舎町ですからね。スズナリがあって、あとは全部ぼったくりバーですから。本多劇場もなかった。僕らは、ほんの演劇しかない街にロックを持ちこんだ。これは歓迎されたね。

あの時は下北の若者の流れが変わったって言われた。あんなちっちゃな下北ロフトができただけで夜な夜な、ライブ目的ではなくて10時半頃になると、みんなが列作って待ってるわけ。ミュージシャンとか若手ディレクター連中がいろんなことを企んだり相談したり、喧嘩したり、女を取りあったり、バンドを組んで解散したり、そういうことをやってた。

僕たちから言わせればライブってのは、唾の飛ぶ範囲の中で、ステージと客席といろんな丁々発止があって、客は息吹を体験していくっていうのかな。「今日の演奏はいまいちだった」とか、論争も含めての空間なんだよと。それを「はい、終わりました、さよなら」っていう、そういうことじゃないんだって。

ライブがあって演者がMCで何かを訴えようとしてる時にね、客と演者だけの話じゃなくてライブハウスも同じなんだよって。ロフトって変な、まあ最古の会社ですから。原発反対運動や下北沢の再開発に反対する運動やったり、ずいぶん前だけどイラクなんかに30人も連れて、人間の盾に行っちゃうんだから馬鹿みたい。

清志郎さんだって原発のことを言ってたわけでしょう。演奏して「はい、これで終わりだ」っていうんじゃなくて、どっかでライブハウスも、ひとつの社会と向きあうことが絶対必要だと思ってるんですね。

新宿歌舞伎町旧ミラノ座の横に位置するロック喫茶・ロック居酒屋「ROCK CAFE LOFT is your room」。テーマは70年代、吉祥寺にあったロック喫茶「赤毛とそばかす」をイメージ。平日木曜日まではパブ営業、金土日にはイベントが行われる。

84年、平野は新宿ロフトを残し、各店舗を閉鎖または暖簾分けして、無期限の海外放浪に出る。3年間にわたる海外100か国でのバックパッカー生活を経て、カリブ海の島ドミニカ共和国にて市民権を獲得。87年に日本レストランと貿易会社をドミニカに設立。90年、大阪花博のドミニカ政府代表代理、ドミニカ館館長に就任。

92年に帰国、前年に下北シェルターをオープン。94年、バンドマン100人を集めた「新宿ロフト」立ち退き訴訟イベント「KEEP the LOFT～でてで出てけってよ～」を日比谷野外音楽堂で開催する。95年には、立ち退き裁判の和解が成立。

ルイード系はひっかからなかった結構うちと屋根裏は似てるの

何度も言うけど、屋根裏はすごいよ、もう勝てないよ。あれだけのブッキングができるっていうのは。だって、客がゼロでも平気なんだよ。僕だったらね、もう怒り狂ってますよ。

思えば、ルイード系は屋根裏に行かなかったね。佐野元春とか小沢音楽系の連中はひっかからなかった。あの時にブレイクしてた陽水や拓郎は、すでに芸能界だったから、多分屋根裏には出てないですよ。

だから結構うちと屋根裏は似てるの、やっぱりルイードとは違う。ジャンジャンも早く潰れたからね。

今回のコロナでは、うちは感染者が出て、僕は会長辞めたんですよ。「給料いらない」って言って、無職の哀れな老人なんです（笑）。

ロフトももう来年50年です。初めの1年はロックスナックですから。今は、どうやってコロナの危機から逃げるかって、どうやって引退するかってことしかなくてね。え？ 50周年？ やだよ50年。気持ち悪いじゃないですか、50年記念だとか何年記念とか。

PLOFILE
平野悠（ひらのゆう）
1944年生まれ。60年代後半に学生運動、反戦運動に関わり、ウッドストックに感銘を受ける。1971年烏山ロフト、73年西荻窪ロフトを開店。細野晴臣、シュガー・ベイブ、荒井由美らが出演。ロックを中心とするライブハウスのさきがけとなるスタイルを作った。75年下北沢ロフト、76年新宿ロフトを開店。音楽ビジネスに絶望し、84年からバックパッカーとして海外の国々を3年かけて放浪。現在は社会問題に対する発言や執筆など幅広い活動を展開する。著書は、「旅人の唄を聞いてくれ！—ライブハウス親父の84カ国放浪記」「定本 ライブハウス『ロフト』青春記」と恋愛小説「セルロイドの海」（ともにロフトブックス）。

◇◇◇◇◇◇◇◇

約束

RCと屋根裏の運命をかけて呼び込みをしたにもかかわらず客足は伸びず、店長も店員もマネージャーS氏もガッカリ。そりゃそうだ、そんなんでバンドが売れてりゃ世話ないって。

それでもRCは相変わらず少ないお客の前で、毎月毎月熱いライブをやり続けた。

毎回バラバラだったメンバーも、清志郎、リンコ、チャボ、春日博文、新井田耕造というメンバーで固まりつつあり、「トランジスタラジオ」「雨上がりの夜空に」「スローバラード」そんな名曲も少しずつではあるけど、お客さんの心を捉え始めていた。

それに加え、月に2回のライブという屋根裏の強力バックアップも少しは功を奏したのか、少し客数が伸びていく。

あの頃のRCをロックバンドに変化させた最大の立役者は、カルメン・マキOZのギタリスト春日さんだ。後に清志郎本(『忌野清志郎が聴こえる 愛しあってるかい』神山典士著)で知ったけど、彼がRCの屋根裏楽屋に来て俺に弾かせろと言ったとか。それもRCにとっての大きな分岐点になるのかもしれない。ま、少なくとも楽屋は春日のハチさんのおかげで少し明るくなったのは確か。

ライブが終わるとスッといなくなるのがRCの特徴。「終電が……」とか言ってね。

だってほら、彼らビンボーだし地味だし。

決まって残っていたのがマネージャーS氏だった。いや今さらだから、ちゃんと名前を伝えよう。

RCのマネージャー坂田さん。

彼は普段は静かな人なのだがお酒が入ると豹変。よく喋るし、ばかな話で笑わせてくれるし、例えば店員が酔ったお客に絡まれたりすると真っ先に飛んで行ってケンカしちゃう。だから、なおさら面倒なことになるんだけど。

その日も店員と酔っぱらいの坂田さんとで店を閉めて一緒に帰った。

真夜中、わたしたち以外は誰もいないセンター街の真ん中で、急に坂田さんは半分泣いたような声で言った。

坂田「屋根裏っていいよなぁ…」
店員「でしょう?!」
坂田「俺、RCを武道館でやるのが夢」
店員「おお〜いいねえ〜」
坂田「でも武道館に出るくらいすごくなっても、RCは
　　絶対屋根裏に出るからな〜!」
店員「おお、約束〜!!」

あんまり現実味がなかった。
だって今夜もテーブルを移動しなかった。
いい音楽出しているからって、売れるわけじゃない。
でもわたしたちは、その言葉だけでうれしかった。

そして1年後、この愛すべき酔っぱらいマネージャーの約束は、あの怒涛《どとう》の「RC屋根裏4日間」として果たされるのだ。

カメラ小僧とギター小僧

少ないけれど、ＲＣにはいつも足を運んでくれる古くからのファンがいた。

彼らは、以前とは違うエレクトリックな音に面食らいながらも、昔の持ち歌を跳びあがりながらシャウトする清志郎を見ているうちに「そうか！　ＲＣはもともとフォークバンドではなく、ロックをフォークギターでやっていたのか…⁉」と、妙に納得したのではないだろうか。実際、わたしもそう思っていた。

で、みんな毎回礼儀正しくライブを楽しんでいる。

ＲＣのお客さんってみんな人見知りでおとなしいのかと思っていたけど、今振りかえってみると、このＲＣにどう反応していいんだか戸惑っていたのかもしれない。

だからライブは客席よりバンドが、いつでも熱かった。

その変化を知ってか知らずか、黙々とＲＣの写真を撮り続けていたカメラ小僧もいた。それがオカベ君。

彼がこれまた人見知りな人で毎回ただただ写真を撮り続けていた。

実はオカベ君、後にＲＣに参加する小川銀次の小学校

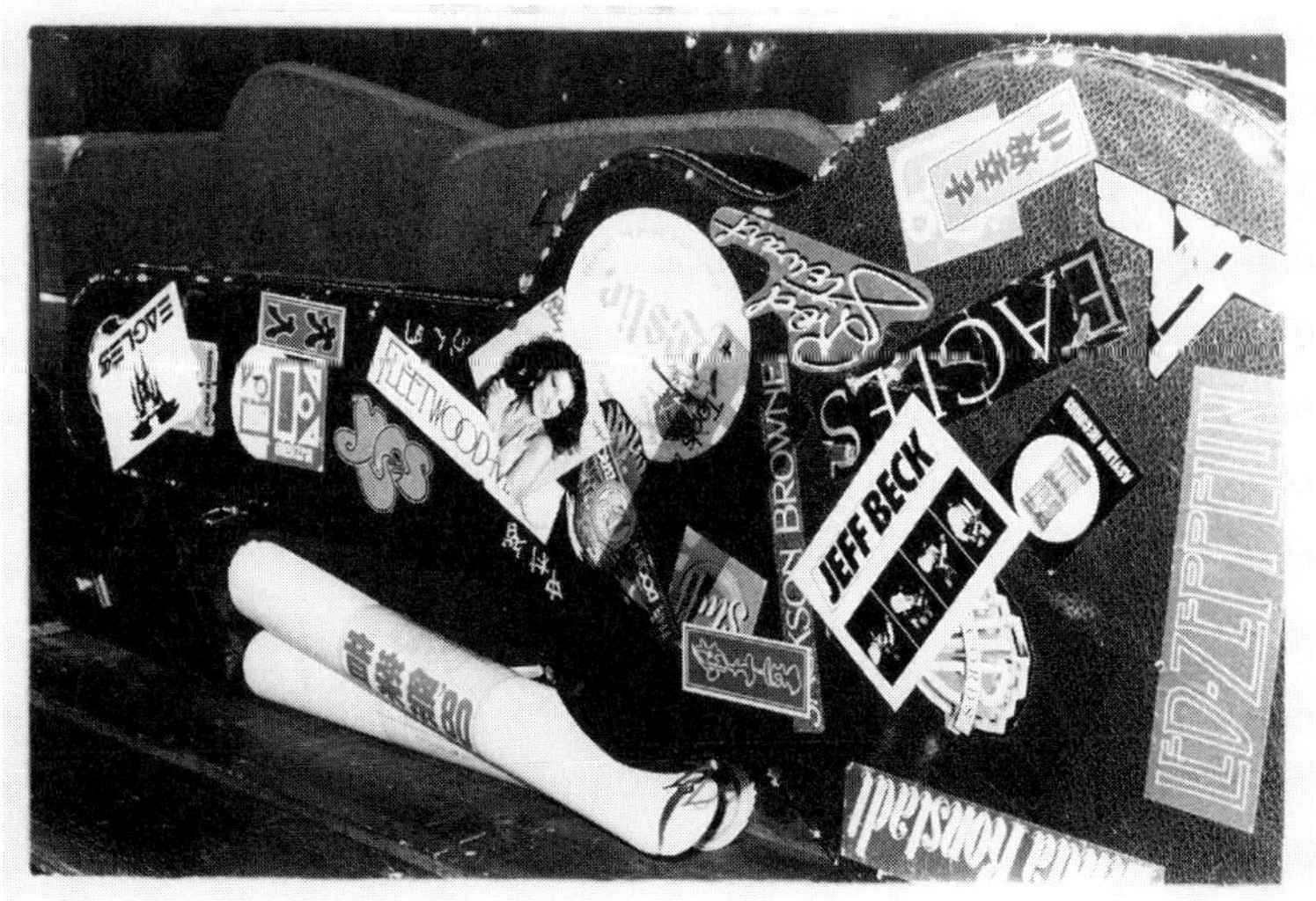

写真提供／藤井康一（ウシャユダ）、PHOTO／宇佐美卓哉

の同級生だ。

超ギター小僧だった小川銀次もちょうどその頃、昼の部でクロスウインドというバンドを率いて怒涛のライブを演っていたのだけど、まだお互いの存在を知らない。

ある日、ふたりはRCの楽屋で劇的な再会をする。

「え!? お前なんでいるの?」「お前こそ……」（銀次談）

そんなカメラ小僧だった岡部好はとっくの昔にプロカメラマンになっていた。

わたしは、何気なく入った神保町の古本屋で「誰も知らない清志郎」という彼の写真集を見つけ思わず手に取った。

そして、その中の一枚の写真を見た時、「屋根裏」の記憶が一気に蘇ってきたのだ。

それも、ものすごいスピードで。

そうかあの時。

あなたに化粧したんだよね、清志郎さん。

なぜなら下田逸郎だから

街は雨に濡れて、もう誰もロックなんかに興味もないような日。特に雨の月曜日はお客さんの足も遠のく。

でも、どんなに土砂降りだろうと月曜だろうと関係なく毎回コンスタントにお客が入る歌手がいた。

それが下田逸郎さん。

長い髪に白いスーツの、まるで屋根裏には似合わない美しい人。繊細な声と消え入るようなビブラート、だけど歌詞ははっきりと伝わってくるシンガーだ。

店はいつも女性ファンで埋まっていたけど、実は毎回何人かの隠れ男子ファンがいて、まるでハーレムのような客席の中で申し訳なさそうに聴いていた。

厭世的《えんせい》だけど艶《なま》めかしい。しなやかだけど硬派。

とらえどころのないオーラありまくり下田さんには、屋根裏の軟弱嫌いロック野郎たちでさえ、誰も文句が言えないのだ。

そんなわけでわたしは彼の前ではいつも緊張していた。

ライブのあと次回のブッキングを確認するためにお尋《たず》ねした。

「あの……ご自宅にお電話してもいいですか」

「うん。電話くれてもいいけど、僕の奥さんが出るよ」

「え！　あ！　え！　すみません……そうですよねーあはは」

勘違いですよ下田さんなんて、とても言えない。

こともあろうに、その下田さんのライブに誰も来ない事件が起きた。

もちろんお客さんはいつものように沢山やって来る。

来ないのは、店員。

誰も来ない。


それは金曜日の夜の部で、ファンの問い合わせがいつもに増して多かった。

小屋つきPA大関は休みを取っていた日で、代わりに他の店員が来るはずだった。ところがいつまでたってもPAも厨房も店長も来ない。

わたしひとりだけ。

電話しても誰ひとり出ない。わたしひとりだけ。

PAだけならギター弾き語りだしなんとかなるかと思っていたらなんとこの日、下田さんはバンドで来た。

うそぉぉぉ……。

大関のやっていたことを思い出しながら必死でセッティング

していると、「あれ？ 今日はあなたひとり？」となる。

実は誰も来ないんです…あはは…なんて口が裂けても言えない。

なぜなら下田逸郎だから。


「まるで予定通りだしPAなんておちゃのこさいさいです」ってな余裕あるふりでシールドを繋いでいたら、下田さんや高橋ゲタ夫さんががんばってねと優しく声をかけてくれた。

あぁ……優しい人たちで良かったと内心泣きながら何とかセッティング終えリハーサルまでこぎつけ音を出したとたん、「あーお姉さん、もう少し返しくれるー？」「バランスがー、音硬すぎー」と鬼のような注文が来て、少しも優しくなんかなかった。

リハ終えて、客入れの時間になっても誰も来なくて、客はどんどん階段に並び始めて……あー万事休す!!と思った時、ドアがパッと開いた。


記憶はここまで。その後のことは覚えていない。

でも一生忘れられない下田逸郎の日。

Interview《インタビュー》

下田逸郎

取材・文　神山典士
撮影　カワセノリコ

唄って人と会って
また新しい唄ができる
そういうサイクルで
生きていきたいね

下田逸郎は、常に各地を流離《さすら》う旅人だ。69年、21歳の時に東由多加率いる東京キッドブラザーズと共にニューヨークへ。作曲音楽監督を務めた「黄金バット」でオフブロードウェイ10か月公演を成功させる。25歳のころに日本を脱出しスウェーデン、スペイン、フランス、ニューヨークへ。

「屋根裏」との邂逅は、その帰国後26、27歳（76年頃）のこと。石川セリ「セクシィ」、桑名正博「月のあかり」、伊東ゆかり「早く抱いて」など、数々の珠玉の唄を生んだ。

東さんとは同じ誕生日で
ニューヨークで誕生会しましたよ
22歳、マリファナパーティだったな

流離うなんて言われても、自分じゃそうでもないと思うね。東京キッドの東とは、ニューヨークから帰国して大げんかして別れたし。振り返ればニューヨークがあって東京があって九州沖縄があって、その間にエジプトがあったのが大きいかな。

フランスでもレコーディングしたね。今ならコロナさえなければどこへでも行けるけど、当時はそんなに簡単じゃなかったからなぁ。レコーディングしたのはシュールオワーズで、ゴッホの最後の地です。その民家の部屋で録音したんだ。面白かったよ。でもプロデューサーも、もう死んじゃった。みんな死んじゃうね～（笑）。

「屋根裏」は75年12月のオープンの直後から出てるんじゃないかな。その頃は新宿の「ルイード」や渋谷の「ジャンジャン」にも出ていたかな。「屋根裏」は相当やってるよ。

狭い階段をあがって、2階がキャバレー「ロンドン」で、えっ？　RCもいた？　あ、まだ三人組のころか？　渋谷の「青い森」って喫茶店で一緒にやったなぁ。

頭脳警察のPANTAとは東京キッドの旗揚げのころからやってるんだよ。あの頃は「ブルースクリエイション」とか「ガロ」もいたなぁ。

ぼくは当時ニューヨーク帰りを売りにして、「日本初のヒッピー」なんて言って。本当は違うんだけどね（笑）。もし

かすると「セクシィ」の初演は「屋根裏」かもしれないね。ぼくはその頃ＯＬのアイドルだったからね（苦笑）。

東京キッドすらアイドルだった。まぁアイドル作りを演出家の東さんが意識してやってたけどね。今ならばＡＫＢだよね。

東京キッドは渋谷の喫茶店で旗揚げして、１年後にはニューヨークに行っちゃったのかな。東さんとは同じ誕生日で、ニューヨークで一緒に誕生会しましたよ。22歳、マリファナパーティだったな（笑）。

高校時代に作った下田の歌を聴いて「面白いね」と言ったのは、日本最初のシンガーソングライターで「バラが咲いた」などのヒットメーカーとして知られる浜口庫之助だった。

「君は時間がかかるよ」と言ったのは、アンダーグラウンドシアター天井桟敷の演出家で詩人の寺山修司。20歳を前にして浅川マキのデビューアルバムに曲を提供し、パーカッショニスト斉藤ノブとはユニット「シモサイ」を組んだ。

ハマクラはねぇ ぼくのことを「秘蔵っ子」って 秘蔵っ子のまま腐るのかって

浜口庫之助（以下、ハマクラ）はねぇ、晩年ぼくのことを「秘蔵っ子」と言っていましたよ。「秘蔵っ子のまま腐るのか？」なんて言って（笑）。

ぼくの父親と同い年ないんだけど、裕次郎とかに作った唄が好きで、高校を出るか出ないかの時に彼がやっていた「作詩作曲ゼミナール」に、ひとりで行って、曲をわーっと作ったら「面白いね、君」って言われて。

で、半年後には「アメリカに行こう」って話になって、千人くらいの学生が船で13日間かけてロスまで行ったんだ。

その時に、後にリリイとか桑名正博とか浅川マキとかをプロデュースする寺本幸司って人に出会ったんです。その人が寺山修司を紹介してくれて。あの時は、にしきのあきらとか西郷輝彦もハマクラさんの弟子だったな。

振り返ると怒濤のようだけど、高校時代に受験戦争に巻き込まれそうになって、この列には入りたくないっていうのがあるじゃない。「ここにいたらなんかやばいぜ」と思ったし。その一方で学生運動みたいなのもあった。

ぼくはそれらから逸脱してニューヨーク行っちゃったりしたから見事に外れている。それはラッキーだったね。それがなかったら、その後、業界で使い捨てみ

1999年に発売された「GOLDEN J-POP/THE BEST（ソニーミュージックレコーズ）」。「セクシィ」や「ラブホテル」など名曲ぞろい。「踊り子」「酒とりっぷ」「ドラマ」はライブバージョン。

たいになってたかもしれないね。

どんな女でも男でも
ある瞬間
「ゾクっ」とする感覚がある

25歳で二度目のニューヨークから帰ったら、時代はニューミュージックになってた。だからぼくは、フォークだロックだというジャンルを知らないんですよ。

加川良とかに「この曲はなんなのか？」というのをレクチャーしてもらってましたよ。加川は「学生は大人に騙されただけ」と言ってたけどね（笑）。

ぼくは自分の音楽はとっても個人的な下田逸郎の音楽だと思っています。

「下田逸郎というジャンル」（笑）。

東京キッドでは東が、天井桟敷では寺山さんが詩を書いていたわけだから、若いころから自分で詩を書きたいという気持ちは強かったかもしれないね。

「売れなかったら音楽じゃない」って、ディレクターとかみんなが言い出した時代だったけど、ぼくはそんなことよりも自分の物語を作るほうに夢中だった。

だから「セクシィ」なんかが生まれるんだけど、自分のなかにある物語とヒット曲との接点がわかったんじゃないかな。だからいい曲つくればいいんだってずーっと思ってました。

「セクシィ」という曲はね、「あっは～ん」というセクシーじゃなくて、どんな女でも男でも、ある瞬間「ゾクっ」とする感覚がある。

うるせー女だなと思っても、一瞬すごく綺麗だ、色っぽいという刹那がある。

体の奥の方からくる感じっていうのが本当のセクシーなんじゃないかと思ってさ。そういう実体験があったんですよ。

「セクシィ」は、1976年1月25日リリースの、石川セリのセカンドアルバム「ときどき私は」に収録された。EP盤は同年、4月発売。映画『身も心も』の挿入歌に。下田と石川によるカップリングCDもある。

普通のラブソングは
抱く前の唄だろ
ぼくの唄は抱いた後の唄なんだよ

「旅に出るのは夜の飛行機～」というフレーズ書いたらさ、それを使って「俺この前、夜の飛行機に乗って北海道に女とラーメン食いに行きました」って、テレビで愛川欣也が使ってたけど（笑）。

なんか男と女も深いところに行きたい。普通のラブソングは抱く前の唄だろ。

でも、ぼくの唄は抱いた後の唄なんだよ。

そういう唄を作りたいって、若い時から思っていた。その後、ニッポン放送の社長をやっていた亀渕昭信に「俺、どうにかなんないかな?」って相談に行ったときに、「ベッドサイドシンガーでどう?」って言われたことがあったけど（苦笑）。

でもあの曲は石川セリが唄うことで「世の中に出た」って感じになったよね。だからぼく自身は歌手ではなくて作家のほうがいいのかな、作り続けていきたいって心境が変化したかな。

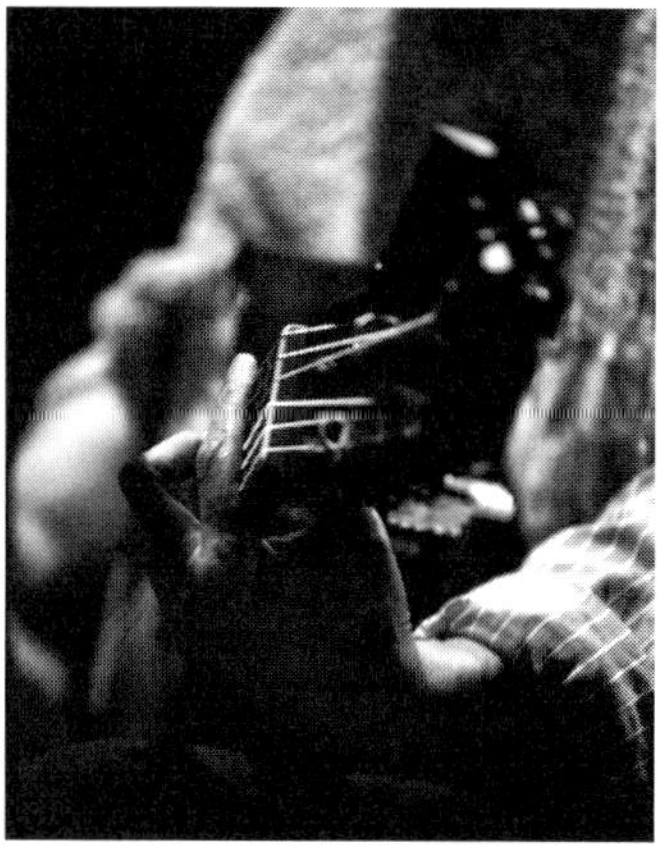

37歳のころにエジプト・アスワンへむけ日本脱出。帰国後は長崎、種子島、沖縄、北海道で炭焼き、刺し網漁、林業、養豚業などを転々とする。47歳で渡仏。ゴッホが最晩年を過ごしたオーベルジュ・シュールオワーズの民家でレコーディング。この頃、「唄を作り唄うことで生きている」とやっと実感したという。「あの世発この世経由あの世行き」という唄の旅を常に続けている。

官能みたいな
実はエロスとタナトス
生きるのと死ぬのみたいな

屋根裏の思い出は、そりゃ2階にあった「ロンドン」かな（笑）。好きだったよ、あの階段を登っていく猥雑な感じが。渋谷って街も猥雑だったし。当時は日本に帰って来て劇団辞めて、ひとりになってイケイケだった。なんか覚えてる。

でも男性ファンでも毎回来てくれる奴がいてね。ぼくの正面に陣取って、ウイスキー持ってきて、飲みながら、ぼくの顔をじーっと見てるんだ。

そして、コンサートの途中でその瓶をバーンと割る！　何かが届いてるからそうなるんだろうけれど、こりゃゲイだなと思ってさ（苦笑）。

ぼくなんか男と女のラブソングとか言ってるけど、実はそうじゃないんだよね。官能みたいなもん?　実はエロスとタナトス、生きるのと死ぬのみたいなもん。

「どこからきてどこに行くのか?」というところにテーマは行くよね。

生きていくなんて訳がわからないからさ、わからないものがセクシーで色っぽかったりする。

そういう分からないものを唄にしていきたいと思ってるんだ。

でもあんまりわけの分からないものを書いていたら、筒美京平さんが「考えすぎだよ下田くん」って（笑）。「サビを英語にすればいいんだよ」って。

で、頭に来たから「そういうのってい

つ変わるんですかね?」って言ったらそれで嫌われて、仕事が来なくなったな(苦笑)。

72歳の今日も神戸、東京、その他各地を放浪いながら唄う。2020年春にリリースした下田逸郎映像作品『百億年』に収録された唄も、ニューヨーク、東京、神戸、鹿児島坊津で撮影された。さながら吟遊詩人だ。インタビュー直後にも下田にはライブが待っていた。

唄を作るっていうのは奥の奥を探っている感じ最後は中毒症状になる

これからここ(神戸チキンジョージ)でライブなんだけど、この小屋とも「屋根裏」と同じくらいつきあいが長いよ。80年からやっているから「屋根裏」の少し後か。

チキンジョージは何度も引っ越して場所が変わっているんだけど、最初は小さいとこだった。震災(1995年)やなんやかやあったけど、この場所で復活したんだ。

その頃、ぼくは神戸に住みはじめていて、ふらっと来たら支配人たちが「おっ、なんだ神戸にいるならいろいろやろうよ」っ言ってくれて、ミュージカルみたいなのもやりましたよ。

で、今回は齢70でニューアルバムも作りました。自分としてはずーっと答えを作り続けてきている感覚がある。

唄を作るっていうのは自分の奥の奥の方を探っている感じだから、最後は中毒症状になる。だからそれを吐き出さないといけないんです。そのためにライブハウスで唄うし、CDや配信で形にして残していく。

結局ね、「下田逸郎物語」っていうのを唄で繋げていくということだから、何かの形で残していきたいね。50年くらいの自分を、物語を、ちゃんと唄で説明出来るようにしたい。

思えば若い頃からわけの分からないこと、「人間は死んだらどうなるのか?」みたいなことに意識がいっていたからね。

それをハマクラさんは喜んでくれたん

だと思う。彼もそれをやりたがっていたからね。ヒット作家になってなかなかそうもいかなくなったんだけど、よく聞くとそういう世界観がありますよ。

「命に終わりがある、恋にも終わりがある、秋には枯れ葉が、小枝と別れ、夕べには太陽が、空と別れる。誰も涙なんか　流しはしない　泣かないで　泣かないで　粋な別れをしようぜ（「粋な別れ」作詞作曲・浜口庫之助）」

っていうのがあるでしょう。裕次郎で。冒頭は「命に終わりがある」から入るからね。「夜霧よ今夜もありがとう」は完全に不倫の唄。当時からぼくにはそう見えていたからね。

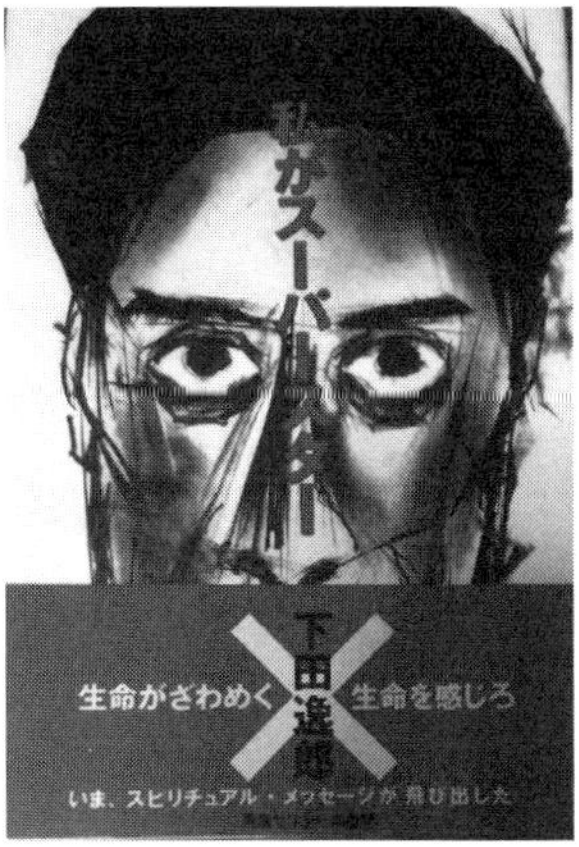

1987年に発売された自伝「私がスーパースター（情報センター出版局）」。1999年発売の「下田逸郎物語（下田通信所）」には下田直筆の譜面 32曲と 15章の随筆が掲載されている。

『百億年』の配信が、アマゾンプライム・ビデオでスタートした。２０１０年のニューヨーク公演『ラスト・ゴールデンバット』、神戸チキンジョージでの六角精児、下村陽子とのステージ、下北沢ラ・カーニャにおける小峰公子アカペラライブなど18曲が挿入されている。

それぞれの人物が、それぞれの物語を紡ぐ。下田の「はるかな唄物語」は続いている。

漂流民としては吐き出すところがないと生きていけない

荒井晴彦っていう脚本家映画監督が昔からぼくの唄を挿入歌で使っているから、それを集めたCDを作ったんだ。最初は、映画『ダブルベット』の「ラブホテル」だったかな。最近では『火口のふたり』っていう映画で「早く抱いて」を使ってくれた。

あるいは俳優の六角精児が現れて、高校の頃からぼくの唄を聴いてくれているらしくて、鹿児島に連れていって映像とライブ録音をしたんだ。そういう奴を逃がさないんだよ、ぼくは（笑）。

京都のライブハウスで長いこと一緒にやってきた下村陽子は、今度の『火口

DVD『百億年』のジャケット。ライブでは演奏とともに上映されることもある。

のふたり』で2曲唄っている。「この世の夢」と「紅い花咲いた」。
　ぼくの唄を唄っている人の中ではとても面白いと思うので、映画から何から全部使って下村陽子を売り出そうと思ったら、今回のコロナになっちゃった。ま、コロナじゃなくても、ぼくはあまり客が入らないから密にはならないんだけどね（苦笑）。

　40年くらいライブをやり続けている場所がいくつかあって、北海道とか沖縄とか、どこでも「今回で20回目やね」というつきあいになっています。
　漂流民としては、やっぱり吐き出すところがないと生きていけないんだよ。ひと月に1回くらいは唄って、人と会って、それでまた新しい唄ができる。そういうサイクルで生きていきたいね。

　だって形にして残すという作業をやらないと自分が流れていけないからね。そりゃそうだよね、ぼくは流れて行きたいんだから。定住みたいな意識はないんです。ものをつくって流れていって、最後は野垂れ死ぬ。それしかないっていう意識がぼくにはありますね。

PLOFILE
下田逸郎（しもだいつろう）
1948年5月12日生まれ、おうし座O型
1968年、浜口庫之助ミュージック・カレッジで出会った斉藤ノブと「シモンサイ」を結成。同年、東京キッドブラザースの旗揚げに参加。1971年ファーストアルバム『遺言状』をリリース。その後、渡米。1973年、帰国後にセカンドアルバム『飛べない鳥，飛ばない鳥』を発表するほか、作詞作曲の楽曲提供は数多く、「セクシィ」「踊り子」などヒットを放つ。30代後半からの放浪生活を経て、40代に活動再開。2020年、下田逸郎映像作品『百億年』が完成、通信販売開始。どこにでも出向く、マイクなしの弾き語りコンサート「完全生音さしむかいライブ（下田ウエブにて問い合わせ）」も好評。

ドーナツ屋の夜は更けて

何の特徴もない渋谷が、ある時から急におしゃれな街になってゆく。

だらだら続く坂道が「公園通り」になり、パルコの壁にはおしゃれなペイント、通り沿いにはヨーロッパ風のシャレた電話ボックス、地味な裏通りはスペイン坂と決まった。ちょっと気取って歩くだけで映画のワンシーンになるような通りがいくつも出現し、渋谷の街はどんどん変わっていった。

それでも夜中になると、昼の賑わいとは違って街はひっそりする。

スクラブル交差点の信号は点滅し、暴走族がパララパラララとクラクションを鳴らしながら駆け抜けていく。

こんな夜には、井の頭線近くのガード下で今でもマッチを擦ってスカートの中を覗かせる女が出没するんだと、そんな秘めやかな都市伝説さえまだまだ生きていた。

あと数時間で夜が明ける。

わたしは店の帰りに、24時間営業の「ダンキンドーナツ」で朝を待っていた。

カウンターしかない店は、ドーナツ1個で居座っても何も言われないし、眠ってしまってもお構いなしだし、何よりもここのミネストローネはとびきり美味しい。

　空腹のお腹にジワーッとしみるスープを飲みながら、それにしても今日のはすごかったなあと数時間前のライブを思い出していた。


『河島英五』

「酒と涙と男と女」で、すでに有名シンガーになっていた彼は何本もギターケースを抱えてやって来た。それらをステージ脇に並べリハーサルもギターのチューニングをしただけなので、そうか有名になると曲によって使い分けるのかと思ったけれど違った。

　ライブが始まってびっくり。2、3曲やるとギターの弦がほとんど切れるので、替えが何本あっても足りない。最後は弦のないギターをかき鳴らしながら、祭りか喧嘩かライブか分からない状態が続く。最高潮になると「女は出てけー!」と英五、「そうだー! オンナは要らねー!!」と男たち、「いやだあーー!! エイゴぉーー!」と女たち。ラストは男も女も猫も杓子も全員笑いあって踊りまくった。

　ロックよりロックな河島英五。ライブハウスがよく似合うんだよね。

真夜中のドーナツ屋の客はわたしだけ。

顔なじみの店長がサービスですとコーヒーをくれた。

ちょっと煮詰まって苦いけど、眠気覚ましにはちょうどいい。


そうだ、ロックよりロックな人、まだいた。

『友川カズキ』

彼もよくギターの弦を切りながら歌っている。

「生きているって言ってみろ」これやばい。あの熱、いや、怒り。それとも慟哭《どうこく》。

この人も声を出したとたんに空気を一瞬で変えるシンガーだ。

だけど毎回ブッキングに苦労させられる。ライブのあとに来月の予定を聞いても「そんな先は分らないから、後で電話して」と言う。でも電話しても毎回出ない。

いつか「電話全然つながらなかったですよー友川さん」と言ったら、呼び出し音がうるさいから布団かけて押し入れに入れている、とのこと。笑うしかない。

無頼派みたいに見えて、実は結構スタイリッシュな詩人。

そういやパンタさん、友川さんとは仲がいいみたいだ。『パンタ＆ハル』を初めて聴いた時、あまりに頭脳警察と違うのでびっくりしたのは多分わたしだけじゃない。批判する人もいるけどわたしはあのサウンド好きだな。

バンドが進化するとき熱狂的なファンほど変化を嫌い堕落したとか迎合したとか言いたがるけど、こうやってライブを聞き続けていると、彼らのコアな部分は少しも変わっていないと思うことが多い。

だってほらこの街を見てごらんよ。毎日毎日新しくなっていく。サウンドだってどんどん新しくなる。

もうすぐ１９８０年。

きっと70年代とはぜんぜん違う時代が待っているんだよね。

屋根裏の実験劇場はこの先もずっと続くのだろうか。

そうそう、最近面白いのは昼の部のバンド、まだ無名の色んな才能が集まってくる。

たとえば『アレレのレ』。

ふざけた名前だけど、とびきりおしゃれなアカペラを聴かせてくれる。屋根裏には全然似合わないけど毎月ブッキングするのが楽しみなバンドのひとつだ。それにしてもボーカルの根本君のしゃべくりは下手な漫才よりずっと面白い。昨日も彼の喋りが止まらなくて危うく1曲で時間切れになるところだった。

アレレ、なんとメジャーデビューが決まったみたい。「新しいバンド名は星だよ星！　でもさ、星のまわりにあるクズなんだよねー」と大笑いした。

『スターダスト☆レヴュー』

有名になっていつかみんなに知られる日がくるといいな。

外がぼんやり明るくなってきた。もうすぐ始発電車も走る時間だ。

さて、どうしよう。帰るか、このまま時間をつぶして屋根裏に戻るか。

そんなことをつらつらと考えていたら、有線放送から

PHOTO／三文役者スタッフSANA

「ユー・メイ・ドリーム」が流れてきた。

あ、これは『シーナ&ロケッツ』

去年レコ発ライブをやったかと思ったら、そのあと一気に有名になった。

サンハウスの鮎川さんが新しく作ったバンドで最初から業界の注目度も高かった。博多弁バリバリで東京に殴りこんできたような鮎川さんは、ステージでも普段でも、とびきりの格好よさ。吐く息さえロックなんだよなあと思ってしまう。

あの日のシーナさん、本番前にお水を渡したとき、まるで素人の女の子みたいに「緊張する〜」って笑いながらわたしの腕にすがってきた。でもピンマイクの前に立ったとたんカッコ可愛いシンガーに変身した。

それがわたしのすてきなゆめ
それがわたしのすてきなゆめ

もう空はすっかり明るい。

アパートへ帰る気にもならないから、朝の公園通りを散歩でもしよう。

今日は10時から整理券を配らなきゃならない。
今夜のライブは『RCサクセション』
もうすぐ僕らの夢が叶うかもって、マネージャーが言っていた。

それがわたしのすてきなゆめ
それがわたしのすてきなゆめ
ユメ　ユメ　ユメ……
ユメ　ユメ　ユメ……

わたしのユメって何だっけ。

＊『YOU MAY DREAM』シーナ&ロケット
作詞：柴山俊之、Chris Mosdell／
作曲：鮎川誠、細野晴臣

Interview《インタビュー》

鮎川誠（シーナ&ロケッツ）

取材・文　神山典士
撮影　大森裕之

シーナの歌で
俺のギターの行く道が決まった
大好きなブルースを辿る旅が
今も続けていられる

東京はロックが足りんね それって ロックじゃないけん

東京に出てきよったときよく使いよった、今から思えば俺の言葉が、「東京はロックが足りんね！」「それってロックじゃないけん！」やった。

九州のミュージシャンが上京して、いいギター弾きよったのに「東京じゃ仕事がないからこういうギターも弾かないといけないんだよね」とか言うと悲しくて。デビューした以上たくさんの人に聴いてほしい気持ちはあったけど、やりたくもない音楽をやらされたり立ちたくもないところに立ったり。ロックじゃないけんねって、こだわりがあった、ものすごく。

屋根裏に初めて出たのは77年の12月2日、サンハウスのとき。オリジナルのメンバーは俺と菊（柴山俊之）だけ、若い川嶋一秀（ドラム）や浅田孟（ベース）を入れた初めてのライブやった。屋根裏と荻窪のロフトと三軒茶屋にあった三番館だか五番館というライブハウスで3デイズをやった。それが屋根裏との出会いやね。

後に言われた「メンタイロック」の元祖、「シーナ&ザ・ロケッツ」のギタリスト、作曲家、俳優でもある鮎川誠。そのアマチュアデビューは、66年、18歳の時。ビートルズの来日公演に刺激されてバンド活動を開始。九州大学農学部在籍中にはモータウンやスタックス（ソウル）ナンバーをレパートリーにしていた。「サンハウス」を結成し、74年の「ワンステップフェスティバル」ではジョン・レノン率いる「プラスティック・オノ・バンド」と共演。76年、シーナの妊娠を機に結婚。双子を出産後はシーナの若松の実家に住んでバンド活動を展開。78年、サンハウス自然消滅後に上京して「シーナ&ザ・ロケッツ」を結成。エルヴィス・コステロの来日公演のオープニングアクトを務めた。

福岡でしょぼしょぼ 田舎天狗じゃいけん 勝負かけてこい

上京のきっかけはシーナのオヤジのひと言。「東京で勝負せないけんやろ。福岡でしょぼしょぼやってる田舎天狗じゃいけん」って。

「福岡おったら半煮えの状態で、いつまでたってもググジグジグジ、みんな〝いい！いい！〟言うてくれるけん、そら音楽はできるけど仕事になるかどうかわからん」って。

　耳が痛かったたっちゃね。あの言葉がなかったら、俺は東京行っても何の意味も分からんやったかもしれん。最初はね、ローリングストーンズやチャックベリーの曲をパンクのアレンジで東京でレコーディングしようち友だちから誘いがきて。それだけで東京に行っとったらそこで終っとったかもしれん。

　けどオヤジさんが「勝負かけてこい」ちゆうて。あれは完全に俺の全てやったね。強烈なバックボーンになった。

　でも「勝つまでは帰れん」とかそう言う悲壮感はないんよ。オヤジさんもいつでも帰って来いって言っとった。駄目ならええやんか、もうそれで。俺たちいつでも待っとるけって。

シーナが入って バンド作ろうちなって 素敵な夢をもろたんよ

　上京した一週間後にシーナが突然、「わたしも来たよ」っち上京して来たんよ。若松の両親から、「マコちゃんがおらんとうわの空でなんにも手にならん。それやったらあんたも東京行ってこんね」って言われたけ、来たっちいうわけ。

「ああそう」っち言うて、レコーディングの見学でもしよりって言うたら、ぽつりと「レコードつくりたい。わたしが歌おうか」と言うたんですよ。「歌っちゃろ」みたいな。

　それまでも何年も一緒に暮らしてたから、手の内は分かっとるし。博多でも同じ音楽聴いてジェフベックを聴きストーンズを聴き、あのアプローチは永遠に僕らの、お手本だと思っとったから。

　どんなに腕がいいミュージシャンでも、同じ音楽を聴いてないと一緒にはできんと思っとったんです。テクニックが素晴らしくても「ジョン・ハモンドのあのアルバムのあのドラムがさ」といった時に「えっ誰？」とか言われたら先には進まんから。

　上京したら俺はソロでやろうと思っとったやけど、ソロでは全然駄目やった。

つまらんと思って。面白いことできるのはバンドしかない。
　バンドやないと俺の音楽は発揮できんちゅうことになって、まずシーナが入って一緒にバンド作ろうっちなって、そこにサンハウスの最後のベースやった浅田とドラムの川嶋が入って、「この4人でぶっ飛ばすぜ」と、もう俺、すごい素敵な夢をもろたんよ。

ロックと悦子でロケッツ なんとか&ザ・ロケッツ がええなと

そのあとうちの母が亡くなって、一度、九州帰って、サンハウス時代のマネージャーの柏木（省三）が手伝ってくれたときに「エッコちゃん（シーナの本名、悦子）歌いいよ、面白い」ち言うて激励してくれたりして。

最初は「鮎川誠&ザ・ミラクルメン」ち言うヘンテコな名前でブッキングされたりもしよったんやけど、ちゃんと名前つけんといけんなと思って、「悦子とロック」「ロックと悦子」でロケッツ。

でも古今東西いろんなバンドがロケッツちいう名前つけとるから、なんとか&ザ・ロケッツがええなと思っち、ラモーンズで大好きやった「シーナはパンクロッカー」から「こん名前もらうぜ」ち言うて「シーナ&ザ・ロケッツ」。そん時から「悦子ちゃん」ちいいよったのが「シーナ」に生まれ変わったんよ。

エルヴィス・コステロの大阪公演の前座がデビューやったんやけど、前日、九州大学のオールナイトロックフェスティバルがあって、それがシーナのデビューになったんよ。その後10月に、シングル盤「涙のハイウェイ」が出たんかな。

その頃はライブをやっても客が3人なんちゅうこともあったな。ふたりは僕の友だちで。そのひとりと話し込んで。その時のライブは三千人の客の前でやるくらい嬉しいステージやった。でも寒い夜で帰りにタクシー使ったら四千円くらいかかって、この先どうなるかっち、本気で思いましたよ。

屋根裏に残る記録では「シーナ&ザ・ロケッツ」の初登場は79年4月16日。トランザムとの対バンで夜の部。ただし「ぴあ」のインデックスによるとこの時の表記は「ロケット（ハードロック）」。以降8月20日には「シーナロケット」、10月22日には「シーナ・ロケッツ」、11月11日には「シーナ&ロケッツ」、12月8日になってやっと「シーナ&ロケッツ」の表記になるが、翌年1月27日には再び「シーナ&ロケット」に戻っている。

この頃スタッフだったユミは「シーナ&ザ・ロケッツは鰻登りの人気で登場からほどなくして満員になった。一番いい日にブッキングされていた」。屋根裏でのこの1年間は、九州のローカルヒーローが全国区の人気を獲得するプロセスだったのだ。

79年にはアルファレコード移籍。YMOの協力を得てアルバム「真空パック」発

表。シングル「ユー・メイ・ドリーム」がJALのCMに起用されブレイク。YMOのセカンドアルバム「ソリッド・ステイト・サバイバー」で鮎川は2曲ギター参加。12月のYMO帰国凱旋公演ではオープニングアクトを務める。アメリカA&Mレコード、フランス、スカイドック・レコードからもアルバム発売した。78年3月にはロスのA&Mレコードを訪問した。

めまぐるしく変わった 俺たちはちっとも 変わっとらんけど

屋根裏に出た翌年の80年に俺たちはめまぐるしく変わったんよ。3月末にはアメリカでのプロモーションがあって、帰国してすぐの4月1、2、3日には屋根裏3デイズをやった。そんで5月にはレコーディング（サードアルバム「Ｃｈａｎｎｅｌ Ｇｏｏ」）、6月からはＹＭＯの初国内ツアーにギターで参加した。

秋には学園祭が20か所くらいあった。翌年には武道館でＹＭＯと共演したし、内田裕也さんの大晦日の「ニューイヤーロックフェスティバル」には78、79、80年と毎年出てて、裕也さんがテレビの生中継が入るすごくいいところで出してくれた。

帰国した直後の屋根裏ではロスで買ってきたフィオルッチのシャツ着て撮った写真が残っとる。ま、俺たちはちっとも変わっとらんけど、環境はぱーっと変わったもんね。ロックバンドっちいうのは、そういうもんやろと思っとったけど、ありがたいよね、あれは。

渋谷や新宿を うろうろしながら ライフハウスを訪ねて

上京したばかりの頃は、下北沢の3畳6畳のアパートにバンド4人で住んでた。ふた部屋といってもショットガン・スタイルの縦に続いている造り。最初は俺たちが台所で寝てたけど、途中から俺らは作業があるし書き物もせにゃいかんということで部屋を入れ代わった。

アパートは、今、住んでる一軒家の向かいっ側。東京に来て42年になるのに、俺は3回しか引っ越してないから。4丁目が5丁目になってまた4丁目に戻ったら、あら向かいのアパートは俺たちが最初におったところやんて笑ったよ。

バンド名にしても、最初は「あ、ロケットでいいですよ」みたいな感じやったからね。俺たち、渋谷や新宿をうろうろしながらライフハウスを訪ねて「出して出して」っちいう感じやったから。

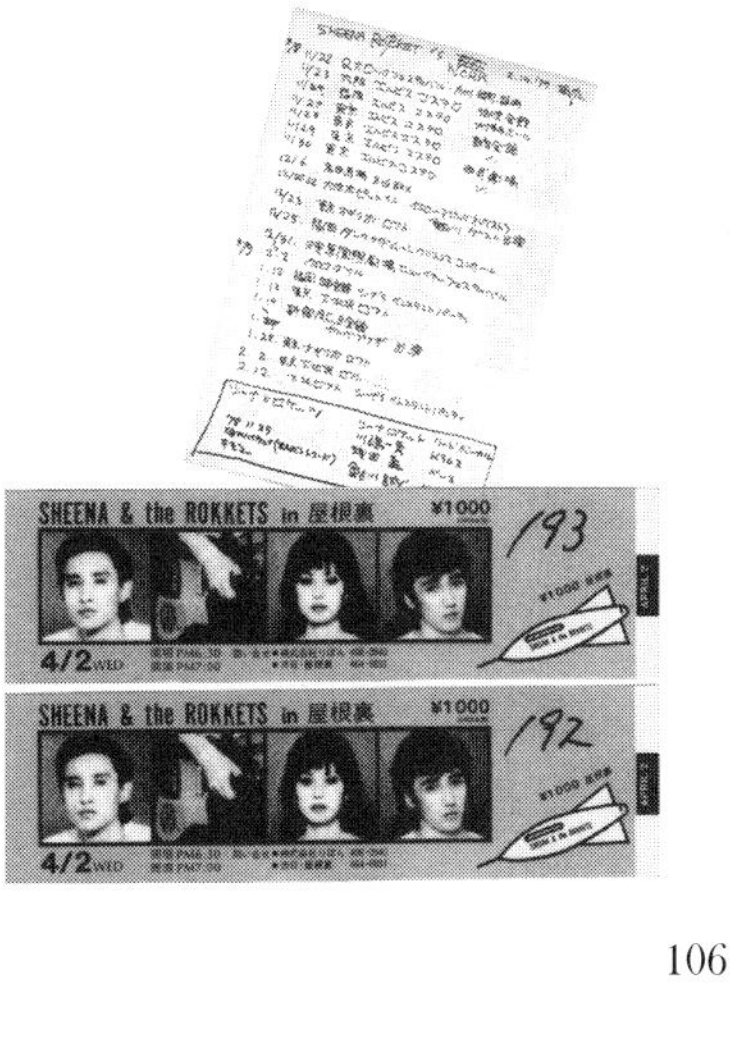

糸井重里も「東京ロケッツ」ちう名前のバンドやったりしとったし。最初のシングル盤も「鮎川誠シーナ・ロケット」という名前になっとって、慌てて僕らは「シーナ＆ザ・ロケッツ」にするち言いよったけど、もう原稿が印刷会社に回っとって、まぁいい加減な時代ですよ。今もそうやけど（笑）。

シーナ＆ロケッツのデビューシングル「涙のハイウェイ／恋はノーノーノー」（1987年10月25日発売）

「ぴあ」の記述によれば、この時代の渋谷でライブが聞ける場所は、「エピキュラス」「ヘッドパワー」「ルーレット」「ジャンジャン」「アピア」「ヤマハ渋谷」「G7アネックス」「クロコダイル」そして「屋根裏」。同時期に屋根裏に出演しているアーティストには、チャクラ、スピードウェイ、RCサクセション、下田逸郎、裸のラリーズ、ミスタースリムカンパニー、ウシャコダ、ミッドナイト・クルーザー、子供ばんど、ボブズ・フィッシュ・マーケット、浜田省吾らがいた。

誰もがブレイク前。まだ何者でもない時代。歩みの先にどんな光景が広がっているのか想像もつかず、ただ根拠のない自信だけで生きていた時代だった。

やりたいことい多いけ
もうプロダクションとか
いらんばい言いよった

俺たちは「サンハウス」の博多時代から、よそは認めてなかったから。まぁなんちゅうか、いいはいいけどふ〜ん、みたいな感じ。でも東京に出てきたら、いい奴らがいっぱいおって。ごめんね言う感じやった。

あぁもうやっぱり東京はすごいと。こげんなんちうか、自分たちのことしか考えてないで東京に来たのに、すごい俺たちを受け入れてくれた。東京の人は優しいなあちいよくシーナと話しとった。東京に生まれた人が優しいのかねと言いよった。地方から出て来て素性を隠したりする奴もおるわけよ。まるで最初から東京おったみたいなね。そんな人たちはちょっと意地悪だったりしよったかもしれんね。

でもほんとうに東京をエンジョイして、すぐ友だちができて、東京ロッカーズとか頭脳警察とかイエローとかルージュ、カルメン・マキなんかもレコード出して。

でも僕らの気分としてはそういうロックの流れにアンチな姿勢があったかな。レコード会社の人と話してても、ちょっと意見を聞こうものならいらんことばかり言ってくるけん。俺たちのやりたいことがすごい多いけ、「もうプロダクションみたいな、マネージャーとかもいらんばい」と言いよった。

全部がパンクにつながっとったあの頃も今も

レコードも僕ら直接にスタジオ行って、自分たちで録音したやつを出してもらう。制作に口を挟むみたいなのは絶対に嫌だっちいう、何気にそういう話をしながらシーナと業界をうろうろしよったね。

人にあっても「よろしくお願いします」ち、この頃は言うようにはなったけど、音楽に口出しはされとうないねち思っとった。

でもビジネスばせんといけんと、何かすごくがんばりよったんですよ。なんちゅうか、自分らは分からんけど、仕事にありつこうっちいう、そういう気持ちは強かった。俺の好きな音楽ばしておけばいいとか、そんなことは全然思ってなくて、もうアピールしようアピールしようち、すごく強かったです。

あの時代は洋の東西でバンドの気分が高まっとったよね。ビートルズやらストーンズやらからジェイムス・ホワイトやらドクター・フィールグッドやら。パブロックからパンクロックになって。あの連中が音を出すと、俺たちが好きな音と全く同じやった。一緒ねっちいう感じで。

ちょうどその頃からレコードのプロダクションシステムが巨大になって、デヴィット・ボウイあたりからステージでお化粧したり、ローリングストーンズやらも大きなツアーに変わってきて、そういう時代やったんです。

でもそういう中でもパンク精神ち言うたらおかしいけど、個から発生する音楽はみんな違うから。リサーチして、こういう音楽やればみんなに喜んでもらえるなんちうのはくそくらえちゅう感じなんです。

俺はストーンズに出会って夢中になって聴いて、音楽のルーツにブルースがあって、ヤードバーズやキンクスやらも南部のブルースをレパートリーにしていて、そんな音楽やりたいちいうてサンハウス作って。何か全部がパンクにつながっとったんですよ。あの頃も、そして今も。

インタビューの日、鮎川は毎年4月7

日に行っているシーナの追悼のコンサート『シーナの日（通常、4月7日だが、コロナ禍で2020年は7月4日に変更）』を、終えたばかりだった。ステージで使っていたのは、ボディがぼろぼろに剥げたギブソンのレスポール。そして歌うのは、末娘のルーシー。古希を越えたロッカーは、約2時間半のステージで汗をまき散らし続けた。バリバリ健在だ。

友人のレスポールを「東京行くけ、貸せ」でもう有頂天

初めての東京は、ギター2本とトランクひとつ持っていっとるんです。あとから写真見て思い出したんやけど。その時、ライブはストラトキャスター1本でいきよったけど、東京で人と違うこともしたいと思って、スピーカー内蔵の、何かの景品で当たったテスコのギターも持っていきよったんです。それかすごいパンク的やったから。

で、2回目に上京するときに、友人のレスポールを「東京行くけ、貸せ」と言うて、もう有頂天。俺のメインギターになって、そいつが引退したから譲ってくれちう話をして、金払って買ったんです。78年に「涙のハイウェイ」を録る時にはもう使っていたから。

屋根裏時代もその後も、このレスポールと古いマーシャルのアンプはずっと今日まで一緒です。80年代には正直くたばるかと、二代目を手にしようかと心配しよったけど、満足できんのですよ。ほかのギターだと。ギター自体は大好きやし、あのギターも弾きたいこのギターも弾いてみたいと家にいっぱい、50本は持ってるけれど。

でも7月4日に弾きよったのはあのレスポールやった。最初のころに一緒に東京に来たレスポール。それがいいんです。

屋根裏の壁にシーナの可愛い絵が今でも忘れられん

レスポールから出た音が俺を奮い立たせてくれる。綺麗な音が出たり弾きたいフレーズが弾けるだけじゃなくて、音色がね、やっぱりこれだと思う。あぁやっぱりこれだ、と。

どこまでも音が伸びるし音大きいし、ボーカルがウワーっていったらこう弾こうち思って、コール&レスポンスですよ。ロックちゅうのは。

CとかFのコード弾けばいいちゅうの

TOWER RECORD「NO ROCK NO LIFE」2015年3月〜5月ポスターより。撮影・Fred B Slinger

はカラオケやサロンのフォークです。ロックはその場のやりとりやけん。あのレスポールは僕にとっては声みたいやけん。掠れた部分も含めて、俺の声。

　今は末娘のルーシーが一緒に歌ってくれて、こんな幸せなことはないね。幸せです、本当に。

　シーナのインタビューやらには言うんやけど、振り返ってみるとシーナが俺を応援してくれた。俺だけじゃ頼りないけん、わたしが歌っちゃろうかみたいな。だからシーナの歌のお蔭で俺のギターの行く道が決まったちゅうかね。大好きなブルースを辿る旅が、今も続けていられとるんですよ。

　あ、それで今日は屋根裏の話やったね。

　俺は屋根裏で気に入った写真があって、誰かファンが撮ってくれたんやけど、屋根裏の壁にシーナの可愛い似顔絵が描いてあったんよ。

　シーナのスタイルそっくりで。「ユー・メイ・ドリーム」（79年12月）か、「Ｃｈａｎｎｅｌ Ｇｏｏｄ」（80年10月）の頃かな。

　シーナがすごい可愛いの。それがずっと今でも忘れられん。屋根裏のことで、それが一番覚えとるんです。

PLOFILE
鮎川誠（あゆかわ　まこと）
1948年5月2日生まれ、おうし座 A型 1978年、シーナ&ロケッツ結成。バンド結成43年を迎える。サンハウスで培ったブルースロックへのリスペクトを基盤にYMOチームとの邂逅から生まれたニューウェイブテクノサウンド、さらにパンク、ロック、ブルースを包み込んだソリッドなスタイルが、「めんたい ロック」の基盤となる。エルビス・コステロやラモーンズ、ウィルコ・ジョンソンらと共演。国内外で数多くの名盤をリリース。最新アルバム「LIVE FOR TODAY!」をはじめ、シーナ&ロケッツでは通算49枚のアルバム、20枚のシングルを発表 。「ニューイヤーロックフェス」は 1978年の第6回から第48回（2020）まで連続出演。

Interview《インタビュー》

根本 要（スターダスト☆レビュー）

取材・神山典士／文・大竹香織／撮影・大森裕之
スペシャルサンクス・大関陽一（屋根裏スタッフ）

配信じゃ物足りないって
みんな言おうよ
ライブハウスに育てても
らったんだから

超有名なライブハウスでやれるそんな誇らしさがありました

屋根裏に出してもらったのは大学生のときで、当時のバンド名は「アレレのレ」。きっかけは、当時仲のよかったバンド「夢職人」のキーボードの福田裕彦くんが紹介してくれたように記憶してます。それまで僕らは地元埼玉の熊谷か上福岡の「のらろば」くらいで、東京のライブハウスは初めてでした。当然平日の昼の部の出演で、「お客さんも入らないだろうな」って思ってたら意外と来てくれましたね。おそらく78年のA‐Rockで優勝したり、79年のヤマハのポプコンつま恋本選会で優秀曲をもらったりと、アマチュアながら多少知ってもらえてたのかもしれません。うれしかったですよ。

とはいっても、自分たちの実力のなさも知っていました。当時、僕らがよく見ていたのは、「ウシャコダ」や「子供ばんど」や「カシオペア」。それから「ダディ竹千代とおとぼけキャッツ」。どれも憧れのバンドだったし、演奏力もパフォーマンスも素晴らしかった。そこで、どうせ実力ないんだからそんなバンドをひとまとめにしたようなバンドでも面白いんじゃないかと思ったんです（笑）。R&Bもハードロックもインストも、さらにコントまであるバンド。「アレレのレ」はそんなバンドを目指してました（笑）。

当時の屋根裏スタッフの大関陽一さんからも、ライブ後にいろんなアドバイス頂きましたが、ある日、大関さんに別室に呼ばれて「根本くん、夜の部出てみない？」って。「えー！」ってびっくりですよ。夜の部に出ていたのはみんな一流の人達ばっかりで、RCサクセションもいましたよ。

もう無茶苦茶うれしくて、メンバーに伝えたら「すげえなすげえな」って。でもその後、誰が言い出したのか「夜は7時と10時の二部制だから、帰るの夜中だな。やめといた方がいいんじゃねえか」って（笑）。当時お金がないから一般道で、熊谷から片道3時間かかった。みんなそのことにビビっちゃって、結局断っちゃったんです。大関さんは「根本くん、夜を断られたの初めてだよ」って。それでも代案を出してくれて、土曜の昼か、日曜の昼にやらせて頂きました。

それから何度か定期的にやらせてもらっている時に、とある有名プロダクションのマネージャーさんがたまたま観に来てくれていて、ライブ後に「君ら面白いな。ただルックスがいまいちだから、衣装もうちょっと考えようよ。来月も来るから」って。「えー、それってスカウトじゃん！」（笑）ってみんなで盛りあがって、「翌月まで衣装を何とかしよう」って、がんばってミーティングしました。

だけど所詮アマチュアだし、アイディアも見せ方も分からない。ただ、パーカッションの林の家が、たまたま三波春夫さんの後援会みたいなのやってて、三波さんのカラフルなスーツが何着かあったんですよ。おっさん臭いけど色だけが派手な（笑）。それで「これを自分なり格好つけようぜ」って話になって。パーカッションの林はスーツに派手なアロハで南国マフィア風、キーボードの三谷は白シャツでちょい舘ひろし風（笑）、僕スーツにTシャツ、アポロキャップとスニーカーのアンバランス系（笑）、他のメンバーも工夫しながら、初めて衣装ってものを考えました。で、翌月のライブで「今日は、スカウトの方がいらっしゃってるんだ。お前らが盛りあがってくれたら、俺達のデビューの日も近いぜ」って叫んで、その日はすごく盛りあがったのを憶えてます。終わったあと勇んで大関さんに「あのプロダクションの方は？」って聞いたら「今日は来てないね」って。全員「はぁ？」（笑）みたいな逸話もありました。

　どれも僕らにとっては大切な思い出です。とにかく東京の超有名なライブハウスでやってる。そんな誇らしさでいっぱいでした。

根本 要。1976年、日大芸術学部放送学科に入学。スターダスト☆レビューの前進バンド「アレレのレ」を結成。1979年、第18回ヤマハポピュラーコンテンストに出場。「オラが鎮守の村祭り」で最優秀曲賞を受賞。グランプリはクリスタルキングの「大都会」。1981年アルバム「STARDUST REVUE」でデビュー、結成40周年、年間80公演を超える全国ツアーを展開し総数は2400本以上。エンターテイメントに徹したステージでライブ・バンドとして根強い人気を誇る。2001年8月にデビュー20周年を記念して静岡県つま恋で開催した「つま恋100曲ライブ〜日本全国味めぐり〜お食事券付」では101曲を披露。「24時間で最も多く演奏したバンド」としてギネスワールドレコーズに認定されている。デビュー前の1979年、根本21歳のときにクレージーパーティ名義でアニメ映画『がんばれ!!タブチくん!!』シリーズ主題歌とエンディング曲を歌唱。エンディング曲〝WAOH!〟では作詞作曲も担当。演奏は高中正義バンドだった。

興奮のステージ
僕らの記憶に残る
リチャード・ベイリー

　屋根裏には忘れられないすごい想い出があるんです。屋根裏の大関さんが一番焦った事件（笑）。出番前にリハーサルをやっていたら、男性がふたり入ってきて、ひとりは外国人で。で、もうひとりの日本人の方が僕らに「なかなか面白い音出すね」って褒めてくれて、「この人知ってるかい?」って聞いてきたんです。誰だか分からないでいると「彼はリチャード・ベイリーっていうんだよ」って。

みんな「えっ!ジェフ・ベック『ブロウ・バイ・ブロウ』のドラムの人ですか?」「そうそう。一緒にやってるんだよ」って。さらに「僕はクマ原田ってさ、ロンドンで、ずっとライブやってるんだけど」「知ってますよ。マックス・ミドルトンと一緒にやってる人じゃないですか!」って。

そしたら突然「彼が一緒にやりたがってるんだ。ライブ中に呼んでくれたら出るし、リチャードは曲知らなくても対応出来るから」って。結局うちのオリジナル2曲、一緒にやらせてもらいました。

お客さんも大興奮ですよ。キメもすぐ覚えてくれるし、途中「ソロ」って言ったらドバーって叩いて、興奮のうちにステージが終わって「じゃあな」って帰られて、本当に怒涛の時間でした。みんな「すげぇ、すげぇ!」って感動してたら大関さんが「しまった、サインもらうの忘れた」って。屋根裏の壁一面にあんなにみんな書いてるのにね。僕らの記憶の中にしかいないリチャード・ベイリー。

今みたいにスマホなんかない時代。写真もなく音も録ってないんですよ。今だったら、画像とってネットで大盛りあがりでしょうね(笑)。

これは屋根裏の話じゃないけど、もうひとつすごい話があるんです。当時は関西のライブハウスにも呼ばれて行って、その時はブリティッシュ色が強い京都のポンドハウスってお店。ブッキングしてくれた人に「埼玉のアマチュアバンドが行ってもお客さん来ないんじゃないですか?」って言ったら「そこは京都産業大学の近くでな、常連の客がいっぱいおるから誰がやったってある程度入るねん」って。

で当日、案の定リハーサルが終わっても誰も来ない(笑)。お店の人に聞きに行ったら「今日は誰も来んねぇ。どうする、やめとくか?」って。でも、せっかく京都まで来たんだから演奏しますって言って、ステージやりながら「わざわざ東京から、いやホントは埼玉だけど(笑)、こんないいバンドが来たのに、ひとりも客を呼ばんこの店は恥を知れ!」ってバンドだけ盛りあがって帰ってきたこともある。コロナの時代を先取り

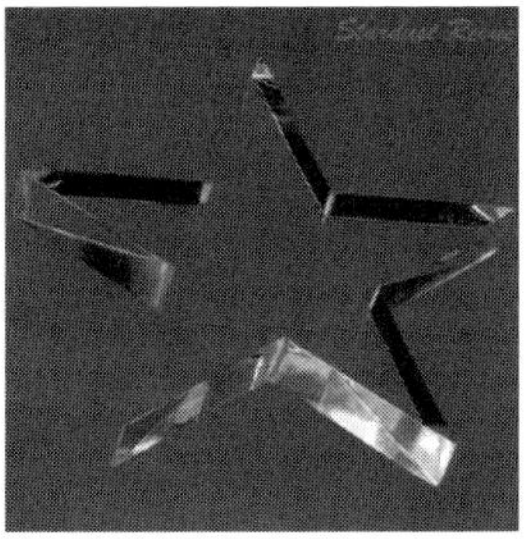

1981年5月25日発売のファースト・アルバム『STARDUST REVUE(ワーナー・パイオニア)』と2020年7月22日発売、通算42枚めの『年中模索(日本コロムビア)』。初回版は限定特典として、MVやアルバムメイキング映像のDVDつき。

する無観客ライブでした（笑）。後から「悪かったな。ちょうど夏休みで皆里帰りして、学生おらんかったわ」って言われた（笑）。

ただね、お店の人が何人かでポスター書きしてたんだけど、なかに最前列でムチャクチャ声援送ってくれる人がいたわけ。その時はそれが一番嬉しかったんだけど、これには後日談があって、20数年経ったあるイベントで、ボ・ガンボスのＤｒ．ｋｙＯｎさんが僕のところに来てくれて、僕が「初めまして」って言ったら、「実は初めてじゃないんだ。ポンドハウス覚えてる？　客ゼロだった日、あそこにいたんです」って、僕が「お店で働いてたの」って聞いたら、お店の人から「お前の好きそうなバンドがおるで」って電話で呼ばれ、ポスター書きを手伝ってたって。「えっ、あの最前列の人!!」、もうそれだけで、僕らの客ゼロライブが救われたこともあります。

昼の部　チャージ0～600＋ドリンク代　開演PM2:00

1木　◎ROCKET（ハードロック）
2金　◎"町から町へ" 出瀬戸口修／きかうえけんいち
3土　◎インド&DO！（元ミッシェル）
4日　◎1部PM12:30～出ZERO（前売券発売中ドリンク付¥1000）
　　2部PM2:30～出ライムライトキャンキャン
5月　◎"ハードロックディ" 出AXIS／DALA
6火　◎VOICE／TRITONE
7水　◎未来後BAND
8木　◎[illegible]（10/21CBSソニーより「夢追人」でデビュー）
　　高橋忠史
9金　◎東京ローズ
10土　◎ジプシー（EAST WEST'79優秀バンド）
　　VS　あレレのレ
11日　◎GREEN（元キャメロット）
12月　◎新人DAY 出キャスタリア
13火　◎たのしい幼稚園／Highway Star／ぷかぷか・ヴイ
14水　◎ABLE／[illegible]バンド
15木　◎DRAW
16金　◎WITH／Welcome
17土　◎子供ばんど
18日　◎貸切
19月　◎新人DAY 出D.D.J
20火　◎Synchronize／ニューホライズン／螺旋
21水　◎木村一男&ベイクドポテト
22木　◎山本寛太郎／MOCCA
23金　◎クロスウインド
24土　◎BEGGARS
25日　◎アントワネット＋メドーズ＋S-KEN＝？
　　／Showdown ／ 神隠死
26月　◎リッキー&リボルバー
27火　◎尾崎純也（元まりちゃんず）
28水　◎山下久美子&ジャンゴ
29木　◎綺羅(British Hard)
30金　◎スーパーパンプキン

夜の部　チャージ700～1000＋ドリンク代　開演PM7:00

1木　◎まりこ&グレートフランクフルトバンド
　　"れ・い・ぷ フィーリング"
2金　◎リザード
3土　◎平山三紀
4日　◎P-MODEL
5月　◎貸切り「鵜巻美知子グッドバイコンサート」
6火　◎デューセンバーグ
7水　◎三文役者
8木　◎バッドシーン
9金　◎Strike（高木英一バンド）／サーフライダーズ
10土　◎近田春夫&BEEF／Strike（高木英一バンド）
11日　◎シーナ・ロケット
12月　◎「わかっちゃいるけどやめられない」
　　サイズ／Mr. kite／バナナリアンズ
13火　◎新月
14水　◎寺中由紀夫&デイブレイクWith 鉢尾隆一郎＋
　　屋根裏ゴングショー（美空ドレミ&近藤ダイ）＝∞
15木　◎連続射殺魔／スピードウェイ
16金　◎浜田良美とM・S・B
17土　◎下田逸郎「私のラブソング」レコード発売記念コンサート
18日　◎「グラムロックの追跡」出クレオパトラ＋アントワネット＋バージンキラー＝？／シャネル他
19月　◎「Tokyo News」出Hot landing／らぶそでい／Cinema
20火　◎不失者／ダダ
21水　◎SHOT GUN
22木　◎「特殊学級の思い出」出自殺
23金　◎プラスティックス
24土　◎スペースサーカス
25日　◎RCサクセション
26月　◎白竜バンド
27火　◎上田正樹とPUSH & PULL
28水　◎ウシャコダ
29木　◎ZONE／ブローイン・フリー
30金　◎SPEED

インタビューに同席した大関陽一と当時の屋根裏スケジュール。昼の部にアレレのレが出演している。バンド名が、ひらがなの“あ”になっている。

「屋根裏って羽田野さんのミュージシャンのネットワークがすごい強いんです」と、ユミとも一緒に働いた屋根裏スタッフの大関陽一は語る。屋根裏は外国人向けの東京ガイドブックに掲載されており海外からふらりと訪れる客がいた。さらに終電が終わるとひとが押し寄せ、閉店時間がなかったという。

1980年、アレレのレは「スターダスト☆レビュー」としてデビューが決まる。すると事務所から屋根裏に「これから作っていくスターダスト☆レビューのイメージに屋根裏はそぐわない」との通達があり、彼らはルイードに拠点を移すこととなる。スタッフの大関に当時の心境を聞くと「残念だったけど、むしろ飛び立って、屋根裏から出てくれれば、僕らはいいと思っていました」と語った。

悲観的に考えたこと一度もない音楽をやれば楽しかった

その後スターダスト☆レビューとしてデビューして、拠点は「新宿ルイード」に移ったけど、「アマチュア的何でもあり」でバンドの根源を作ってもらったのは「屋根裏」でしょう。当時ライブハウスと言えば「屋根裏」か「ロフト」で、僕のイメージでは「ロフト」は多少オシャレ感があって、「屋根裏」は泥臭いロック感がありました。

その中でも、僕らは異質だったと思うんですよ。音楽だけじゃなく、MCとか「どうやったら次回来てもらえるんだろう」っていつも考えてた。ボーカルグループなのにインスト曲があったり、AOR的おしゃれさは足りないけど、スティーリー・ダンやボズ・スキャグスの曲もやってた。そんなときに、雪村いづみさんとキャラメル・ママが『スーパージェネレーション』ってアルバムで、服部良一のカバー曲を取りあげたんだけど、「アレレのレ」というか「スターダスト☆レビュー」はこのアルバムの影響が一番大きいですね。

そこから「東京ブギウギ」や「銀座カンカン娘」のセンスを取り入れるようになりました。81年のデビュー曲「シュガーはお年頃」もそうやって出来たものです。今だにライブではよく演奏しますが、当時はまったく売れませんでしたね（笑）。

デビューコンサートも日本青年館だったけど、お客さん200人くらい。その半分は友達でしたからね（笑）。でも、その年にエリック・クラプトンやユーミンさんのオープニングアクトやらせてもらったりね。

一番ありがたかったのは、デビューさせてくれたワーナー・パイオニア（現・ワーナーミュージック・ジャパン）のディレクター深川さん。アマチュアの僕らの作った音に、ああしろこうしろってほとんど言わなかった。それが自分たちの音への自信に繋がりましたね。まぁ、ルックスの難ありはもう自分たちも知ってたから。ディレクターも直しきれなかったんでしょう（笑）。

今ならどんなミュージシャンも音だけでなく、見た目も含めたイメージを大切にするけど、当時の俺達は与えられた衣装を素直に着てるだけの大馬鹿野郎（笑）。音以外のコンセプトも何もないダメなバンドでしたね。そりゃ何組かはテレビやメディアを使った戦略で売れていく人達もいたけど、やっぱり俺たちは「音で勝負したい」。

だからスタ☆レビは、レコードは売れなくても「正味を聴かせるライブ」にこだわってライブハウスを周ったんです。売れなくても、自分たちの音楽を悲観的に考えたことは一度もない。音楽やってれば楽しかったし、自分の実力がそんなもんだと思ってたからでしょうね。

デビューして10年くらい経ってから本気で歌を学ぼうと

僕自身は今も自分達を「売れてる」とは思わないけど、音楽的にはとても運が良かったと思っています。大学生の頃に映画『がんばれ!! タブチくん!!』の主題歌を作り、いきなり歌わせてもらいました。「こんなヘタクソな俺の歌でいいの?」って思いながら。

さらに「スターダスト☆レビュー」もデビュー曲をシチズンのCMに使ってもらったり、まぁどっちも全然売れなかったけど(笑)。それでも5枚目の「夢伝説」がカルピスのCMに使ってもらったおかげで、多少の知名度もあがり全国ツアーが始められたり。

まぁ正直ヒット曲と呼ばれるものは1曲もないけど、それでも当時からスタッフが、俺達を売るためにがんばってプロモーションをやってくれたおかげで知名度もあがり、今これだけのライブができてると思うんです。

実は恥ずかしい話ですが、歌を勉強しようと思ったのは随分時間が経ってからです。今でも僕は、歌もサウンドの一部と思っているけど、一般的に音楽を楽しむ人にとっては歌が最重要な部分です。バンドで音を作っている人達にとっては、例えば「スティーリー・ダン」だってフェイゲンの歌だけじゃないし「レッド・ツェッペリン」もプラントの歌だけとは考えない。やっぱりサウンドこそ命だし、それが僕の考えるロックです。だから僕の歌を看板にしようなんて、ひとつも考えたことなかった。

ところが、デビューして10年くらい経って「スターダスト☆レビューは歌がいい」と言われて「え、僕の歌?」と。それじゃあもうちょっとがんばって本気でやんなきゃと思った次第です(笑)。

アカペラを始めたのも、元々コーラス好きだったから、みんなで歌って補えばいいだろうみたいな感じ(笑)。目指したコーラス・グループは、ポインターシスターズとマンハッタントランスファー。バリバリの黒人コーラスとバリバリのジャズのコーラスを、一緒にしたかったんです。歌の上手い人の集まりでもないのに、出来るわけないんだけど、僕なりの解釈で真似してた。僕の基本はすべてフェイクです。どうせ本物になれないんだから、好きなようにフェイクしちゃえって。

だからスタ☆レビのサウンドもフュージョンフェイク、AORフェイク、ブルースフェイク、アカペラフェイク。大好きな音楽だから、真似したい。限界を知って辞めるんじゃなくて、もうちょっと練習して近づこうと。できちゃったら練習しなくなっちゃうでしょ。僕ら今だに練習してますよ。今のコロナの期間、「次集まったとき、下手になってたらお前らぶっとばすぞ（笑）」って。60過ぎたおっさんたちが「練習、練習」って言ってます。

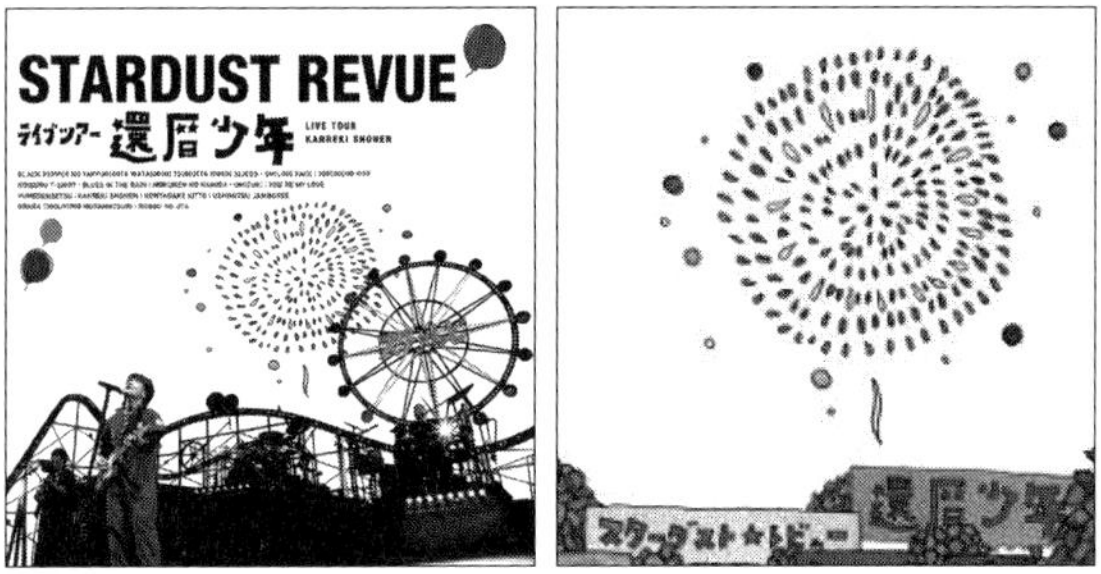

『還暦少年』。『スターダスト☆レビュー ライブツアー還暦少年』（ともに日本コロムビア）は2019年11月9日中野サンプラザホール公演からセレクトしたライブアルバムほかブルーレイとDVDも発売されている。

原点はライブハウス 経験値を高めてもらったから どこに行っても怖くない

新譜『年中模索』が7月に出ました。インタビューとかで「42枚もすごいですね」って言われるけど、すべての売り上げ足してもあいみょんの1枚にしかならない（笑）。「どうやったら40年も続くんですか」って聞かれるけど、「辞めないからだと思います（笑）」。

バンドを続けることがそんなに難しいことだとは思ってなくて、ただ好きだから続けたいし、金や女が原因になるのなら、そんな問題を作らないようにすればいいだけのこと。

アマチュア時代からメンバーチェンジは何度かあったけど、僕はバンドをやること以上の楽しみはないだろうと思ってます。屋根裏時代だって1か月に1度のライブを楽しみに過ごしてきました。それが今は毎日ライブして、終わった後にメシまでご馳走してもらえる（笑）。

好きな音楽だけやればいいんですよ。こんな楽しいことはない。だからたくさん練習するけど、何ひとつ努力も苦労もしていない。そして、がんばれば褒めてもらえる。60過ぎても「僕は褒められて伸びるタイプです」って言ってるし（笑）。人って褒められるとうれしいでしょ。だからまたがんばれる。

僕はソールドアウトっていう言葉があまり好きじゃない。だって売り切れちゃうともったいないじゃないですか、来たい人が来られないんだから。それに空席が2、3割あれば「よし、次回は満席になるようにがんばろう」って思うし。うちのスタッフがうまいのは満席になりそうなら、もう一日やろうとか隣の街でもやろうとするところ。そういう励みをスタッフからいつももらってきました。だから必然的にライブ回数も増え、自らも「ライブ・バンドです」って言えるんです。空席なんて全然問題なし。だって「スタレビはノーソールドアウトです」って言ってるくらいですから。僕らは空席を「次回席」と呼びます（笑）。ライブの時は「その空席は、次回の君の友達の席です」って。

今はコロナ禍で、無観客で配信が中心になったけど、ソールドアウトもないし全国どころか世界中で観られる。お客さんも家で最前列状態、ご飯食べながらだって観られちゃうから、配信を観る人はどんどん増える。ミュージシャンにとってはお金も儲かる。だけど、ライブってそんなヤワなもんじゃないんです。毎回お客さんと真剣勝負してるんです。

今こそミュージシャン自身が「配信じゃ物足りない」って言わないと。適当に儲かって、「ライブってこんなもんか」ってみんなが配信にシフトしたら、ライブハウスに育ててもらった僕らみたいに経験値を重ねることはできなくなるんですよ。ライブは音楽以外のいろんな素養が積み重なって完成しているんです。毎日、毎回、僕らのコンディションだってお客さんの状況だって違うんです。だからこそ「今日の歌」が歌えるし、それをお客さんは楽しんでくれる。

今コロナ禍にあってライブハウスが危機に直面しててね。みんな応援するために何かやってるけど、今こそね、ミュージシャンが、「ライブハウスに育ててもらった」ってことを声高に言わないといけないと思います。音楽にとって、ライブがどれだけ大切なものかを。

ライブはやればやるだけうまくなります。客席の巻き込み方とか、今日の雰囲気をかぎ取る鼻ができてくるんです。そうやって僕らは育ててもらいました。「スターダスト☆レビュー」の原点はやっぱりライブハウス。客が少なかろうが多かろうが、経験値を高めてもらったから、どこに行っても怖くない。

年明けから1年半くらいかけて100公演、「年中模索」のアルバムツアーで全国のホールを回ります。長いツアーをやるバンドがいないのが不思議ですね。せっかくがんばってアルバムを作って2～3か月のツアーじゃもったいないですよ。ツアー周っている間はずっと最新アルバムを感じていられるんだから（笑）。毎回訪ねる街も初めての街もあるけど、どの街でも僕らを待っていてくれた思いが感じられます。

僕はツアーがやりたいからアルバムをがんばって作る。ライブでお客さんと一緒に盛りあがる、これこそがロックバンドの命でしょう。

通算42枚めのアルバム『年中模索』を引きさげて、スターダスト☆レビューは終わりのないツアーに出た。2020年、『還暦少年』は、「ぶっ飛ばせ　今日もこ

の街で　声枯れるまで、笑っちゃえ　イヤなことも全部、歌ってくれ　歌詞を忘れたらＬａＬａＬａＬａで一緒に行こうぜ」と私達に語りかける。ロックンロールの旅は、まだ始まったばかりだ。

スターダスト☆レビューメンバー
柿沼 清史（Bass Vocal）、
寺田 正美（Drums Vocal）、
林 “VOH” 紀勝
（Percussions Vocal）。
2020年11月25日発売の
最新シングル「はっきりしようぜ」。

PLOFILE
根本 要（ねもとかなめ）
1957年5月23日生まれ。A型。
シンガーソングライター、スターダスト☆レビューでギター&ボーカルを担当。音域の広い伸びやかな声で、バラードからアップテンポな曲まで、どんな曲も自分色に染めてしまう稀代のヴォーカリスト。歌もさることながら、巧みなステージトークに魅了されるファンも多い。その話術を活かし、「KANと要のWabi-Sabiナイト（FM COCOLO）」、「NACK de ROCK（NACK5）」など、ラジオのパーソナリティーや番組出演も多数。2018年に発売された「スターダスト☆レビュー オフィシャル・データブック（ヤマハミュージックメディア）」には、アルバム、シングル、映像作品、さらに膨大なコンサートデータが収録されている。

郵便はがき

料金受取人払郵便

神田局
承認

5673

差出有効期間
2021年
11月4日まで

101-8791

532

東京都千代田区
岩本町3-2-1 共同ビル8F
㈱青月社 編集部行

ふりがな 氏名《なまえ》　　男《おとこ》　女《おんな》	年齢《ねんれい》　　歳《さい》 職業《しょくぎょう》(学年《がくねん》)
ふりがな 住所《じゅうしょ》　〒　　－	
電話番号《でんわばんごう》　　－　　－	
メールアドレス	

>>>裏面《うらめん》もご記入《きにゅう》ください

屋根裏のユミさんとRCと

この度は青月社の本をご購入いただき、誠にありがとうございました。
青月社は、これからも皆様のお役に立つ本を出版していくために、アンケートをお願いしております。いただいたお声は、資料として役立たせていただきますので、ぜひご意見をお聞かせください。

●お買い求めの動機を教えてください。
1. 著者を知っていた　2. タイトルが気になった
3. 内容が気に入った　4. 人にすすめられた

●どこで本書をお知りになりましたか？
1. 書店　2. インターネット書店　3. メルマガ　4. ブログ
5. クチコミ　6. 新聞・雑誌広告　7. TV番組　8. その他

●本書についての感想、ご意見などをお聞かせください
（よかったところ、悪かったところ、タイトル、デザイン、価格など）

いただいたご感想・ご意見は、「読者様からの感想」として、匿名にて当社の広報に使用させていただくことがございますので、ご了承ください。

屋根裏奮闘記

ダディ竹千代
（東京おとぼけCATs・二子玉川ジェミニシアター店主）

NHKしか「私は風」が演奏できなかった

走れば30秒もしないでセンター街が終わってしまう頃、パチンコ白鳥で渋谷は終わりだった。　僕はといえばカルメン・マキ&OZの作詞をやりながら大学を中退した頃だった。　もうアメリカからは帰っていたと思う。　ライブハウスというアメリカでは聞きなれてた店が日本にできたというので恐る恐る見に行った。

例の2階キャバレーを抜けて行くのでもかなりの勇気だった。　いわゆる昭和独特のキャバレーでお姉さんたちは気楽で明るい人たちばかりだった。　誘惑を振りきり屋根裏のドアを開けると、そこではNHKの波田野さんが女装してローリングストーンズの曲で踊りまくっていた。　僕はそ〜っと木製の分厚いドアを閉めた。　それが最初の屋根裏だった。

波田野さんはNHKの名物ディレクターでひとりロックンローラーの人。　ひとりでロンドンに飛び平気でWHOやストーンズのインタビュー撮ったり、日本唯一の洋楽番組「ヤングミュージックショー」を作っていた。

OZも「ヤングミュージックショー」に出させてもらっていた。　何せNHKしか「私は風」が放送出来なかった。　あの長い曲は民放ではムリだった。　他の日本のロックバンドも初めてのテレビはNHKではないだろうか。

だから屋根裏は、新宿ロフトに比べてはるかに洋楽に近くハードロックだった。　いろんな評論家が音楽性や社会背景などいうが、単純に渋谷と新宿の差で、オーナーの好みの差だと思う。

ロフト生まれで屋根裏育ちの両性類

僕のおとぼけCATsは実は下北沢ロフト生まれで渋谷屋根裏育ちの両性類だ。ただ言えることは滅多に新宿に行く事はなかった。日本のロックシーンは渋谷沿線と中央線、それと池袋沿線の三派に分かれてた。関西はフォークとソウルの町だった。僕は住んでいた場所の関係上、下北沢と渋谷から出た事がなかった。出来た頃の屋根裏は素晴らしいブッキングでみなレコードデビューしているタレントばかりだった。

出演はいわゆる一流の仲間入りが許されるというお墨つきにも似ていたが、オーディションがなかった。さらに今みたいにノルマもなかった。対バンドもふたつまでで3バンドなんてありえなかった。また途中で帰る客なんか皆無だった。お目当てのバンドを見たらさっさと帰る人などいない時代だった。入場料払ったのだからしっかり最後まで見て行こうという気構えに満ちていた。

ただ皆着席で立ちあがって踊るという風潮はなかったけど。だからオールスタンディングというライブハウスができた時はビックリしてしまった。まだまだ大人しくロックを聞くという時代だった。その中で屋根裏は比較的に客の順応性は高かった。ノリやすい客が早く集まったと思う。

セカンドシングル「船乗りの夢」のジャケット撮影のひとコマ。
作詞作曲は加治木剛名義で、ダディ竹千代の本名。

日本のロックのターニングポイント

おとぼけCATSは勿論昼の部から始まった。平日の昼間やるなんて今じゃ考えられない発想だ。それほど世の中は平和だった。学生運動も終焉を迎え、くすぶっている若者があふれていた。昼間でも何でも出られたら、うれしいので僕らは喜び勇んで出演した。

最初のステージは忘れもしない3人だった。今みたいにSNSなんかない、「ぴあ」もあったかないか？　何しろ宣伝ツールがない。逆によく来たものだ。しかもその客3人は帰らなかった。あの時代の新人バンドはみな昼の部からだ。それほどロックができる発表の場がなかったのだ。ライブのほとんどは大学の構内かジャンジャン（渋谷の小劇場）かのふたつで発表の場がないというのが本音だった。やがて屋根裏は自然とたまり場になっていった。

言っておくがRCもバンドとしては当時新人だ。まぁ、そのうち屋根裏の酒をただで飲みだしたからなんだが、当然たまり場にもいた（笑）。経営としてはロフトに比べてかなり雑だったが、それなりに儲かっていたんだと思う。

何しろ若者の街、渋谷のハシりだった。それまでの渋谷は山手線の中でも地味な存在だった。渋谷が栄えるのはパルコが出来てからだと思う。だから毎回、何人客が来るのかまるで読めなかった。

前売り電話受付とかやっていたのかな？　わざわざ電車賃を使い前売り券を買いに来ていたんだと思う（爆）。日本のロックの中でのひとつのターニングポイントだったのだと思う。G

「オールナイトニッポン」時代のダディ竹千代。当初は2部からスタート、後に1部に昇格。同時期肩を並べた、1部レギュラーはタモリ、松山千春。2部には明石家さんまがいた。

Sからニューフラワー時代、裕也さんがリードしていた時代を経てようやくロックが一般化してきた時代だった。

それまでロックは高嶺の花だった。実際下町にはロックの口の字もなかった。それまでいいとこの御坊っちゃましかエレキギターやってなかった。

若者の町は新宿から渋谷へと移っていき、ファションも音楽も渋谷発という時代の幕開けだった。渋谷という街が文化の先端を切るようになったのだ。屋根裏はその代表格だった。女の子も平気で店に来るようになった。

酸欠という単語が後から出来たが、当時は「酸欠何するものぞ」だった。あの狭い空間に平気で200人ぐらい入っていた。

屋根裏が自分のホームグラウンドと化した

我がおとぼけCATsライブは最初の3人から段々と客が増えていき夜の部へと移った。そのうち満員御礼が続き、日曜に昼夜公演となり土日の3回公演へと拡大していった。それでも入りきれなくなり一週間興行をやるようになった。ライブハウス初である。

毎日が実験の連続だった。だからよく練習した、他のバンドもそうだったと思う。客席が目の前だから毎日が切磋琢磨《せっさたくま》だった。屋根裏で鍛えられたバンドは皆、少々の事では動じないバンドとなっていた。

何しろあの4階まで楽器を運ぶだけで根性ついた

（爆）。全バンドが楽器は持ち込みの時代だ。今考えると恐ろしい。日本のロックバンドの夜明けだったね。まだシンセサイザーもなく、エレピやハモンドを運んでいたんだから地獄のような日々。でもそれなりに楽しかった。

街が発展していくのも手に取るように分かった。土日の人通りが目に見えて増えていき、センター街も延びて歩行者天国があり、スクランブル交差点が出来た。

僕が『オールナイトニッポン』をやるようになった頃、長田店長から電話があった。「ゴメン、バイトの子が急に欠席だ。店番してくれないか」ときた。オールナイト明けに僕は眠たい目を擦りながら屋根裏へと向かった。僕には屋根裏が自分のホームグラウンドと化していたのだった。その時からライブハウスが性にあっていたのかもしれない。

初めてライブハウスに行ったのはサンタモニカの海辺の小さなハコだった。バディガイを見に行ったのだ。その時、目立つ白人がいた。よく見たらリッチー・ブラックモアだった。その時からライブハウスという概念に感心したまま今に至っている。

だから僕は今ライブハウスをやっている。あの頃から老後はライブハウスをやろうと決めていたのかもしれない。

3枚めのシングル「偽りのＤＪ」の作詞は加治木剛、作曲は山下達郎。「おとぼけ live at 屋根裏」は、1979年9月24日の昼夜２回公演のライブ。

PROFILE
ダディ竹千代（だでぃたけちよ）
ボーカリスト、音楽プロデュサー、作詞家、二子玉川ジェミニシアター店主
1953年5月25日生まれ、作詞家名は加治木剛。76年、ダディ竹千代&東京おとぼけCATｓを結成。78年、シングル「電気くらげ」で日本ビクター（現・ビクターエンターテイメント）よりデビュー。80年ファーストアルバム『First』、翌年セカンドアルバム『イデオット・プロット』をリリース。同年には「オールナイトニッポン」でパーソナリティも務めた。2007年、ライブハウス新橋ZZをオープン、閉店後の2018年、二子玉川ジェミニシアターをオープンし、ミュージシャンにライブの場を提供している。

Interview
インタビュー

PANTA（頭脳警察）

「絶景かな」を書いた後で思い出して
自分でも唖然としたんだ
この歌を書くまでに50年かかった

取材・文　神山典士
撮影　大森裕之

60年代末から70年代半ばにかけて、「時代と寝た男」。気恥ずかしさを承知でそう書きたくなるほど、「頭脳警察」のPANTAの足跡には闘争の時代の痕跡が色濃く滲んでいる。

「世界革命戦争宣言」「赤軍兵士の歌」「銃をとれ」等々、政治的に過激な歌詞を歌いあげ、ステージではラディカルなパフォーマンスを繰り広げる。

71年には成田闘争最中の三里塚で、「日本のウッドストック」とも呼ばれた「幻野祭（反対同盟青年行動隊主催）」に出演。日劇では、グループサウンズとともにステージに登り、演奏中にマスターベーションをしたこともある。

だがその目は常に冷めていた。「左翼のアイドル」「ヘルメット業界のアイドル」という当時のニックネームは、自らをシニカルに表したもの。実は無骨なまでに正直な心根と、リリカルなハートの裏返しでもあった。

「屋根裏」への登場はオープニングパーティ直後の75年12月27日と31日。そこで、頭脳警察は約5年間の短い活動を終えた。

頭脳警察をやるという日そのPAが現れたこりゃ因縁だなと思った

「屋根裏」に初めて出たのは、「頭脳警察」の解散コンサートの時でした。でも全く覚えていないんだ。自分たちのバンドのことや当時の状況は鮮明に覚えているけれど、屋根裏のことは本当に申し訳ないくらい覚えていない。都合の悪いことは忘れちゃうタイプだから、自浄作用が働くのかな（笑）。

ひとつだけ思い出があるとすれば、当時使っていたPAセットだね。当時、PAを持っているバンドなんていなかった。

頭脳警察は簡易なヤマハの卓とPAスピーカーを持っていて、「俺たち解散だから屋根裏にあげるよ」といって置いてきたんだ。

それから約30年たって、「響」というアコースティックデュオを組んでツアーしていたら、静岡の「バロン」というバーで演奏してくれって頼まれた。

そこのマスターは植垣康博といって連合赤軍の残党、殺し屋だった。予定にはなかったんだけど、「特型駆逐艦響」として頭脳警察の曲だけやることにしたんだ。それまでずっと封印してきたんだけど、植垣の頼みならやるかと思って。

そこはバーだから音響が何もない。それでギタリストの知り合いが持ってた古いPAを借りてセットしてから、「あれ？これどっかで見たことある？」と思った。良く見たら、屋根裏に置いてきたPAだったんだ。あの日から巡り巡って頭脳警察をやるという日にそのPAが現れた。こりゃ因縁だなと思ったね。俺が57歳の時だから、２００７年かな。屋根裏の思い出って、それくらいかなぁ。

でも俺たちを屋根裏に誘った波田野紘一郎さんとは、つきあいが長い。彼がビルのオーナーを口説いて当時まだ珍しかった「ライブハウスを作る」と言って、屋根裏は鳴り物入りのスタートだったんだ。

「左翼のアイドル」頭脳警察の曲は放送禁止ＮＨＫ的には放送注意

俺はその前からＮＨＫラジオのパーソナリティをやっていた。波田野さんは凄い長い髪をしたＮＨＫの化け物プロデューサーで、ラジオで「若いこだま」をやったり、後にはテレビで「ヤングミュージックショー」なんてのをやり始めるわけよ。初めて動くミック・ジャガーとかオーティス・レディングなんかが見られた番組ですよ。

ＮＨＫだからさ、番組名に「若い」とか「ヤング」とかつければいいということだったんだろ（笑）。でもやってることはすごかった。

もちろん「左翼のアイドル」、頭脳警察の曲は全て放送禁止ですよ。ＮＨＫ的に言えば放送禁止じゃなくて放送注意。しかもＡＢＣランクに分かれてる。Ａの放送注意はメロディも歌詞もダメ。Ｂは歌詞がダメとか。頭脳警察の曲はＡＢＣどれかのスタンプが押されていた訳ですよ。

ところがある番組で女子アナが話している後ろで「世界革命戦争宣言」が流れていた記憶がある。誰が流したんだろう、ずいぶん自覚的な放送事故だよね。で、波田野さんは間違いなくそういう変わり者のひとりで、本当に俺たちに好きなことさせてくれた。

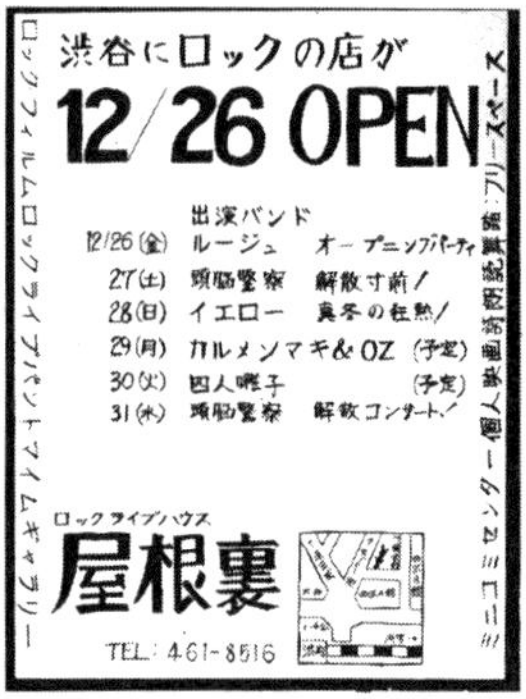

頭脳警察解散寸前と解散コンサートと記載されている屋根裏オープニングのフライヤー

頭脳警察のＰＡＮＴＡを起用すること自体が世間では驚きだった

まだ珍しかったＦ１が日本にやってきたときには（76年日本初開催、富士スピードウェイ）、俺が行きたかったんでラジオで取材したんだ。ちょうどタイレルの6輪車が来て、ヴィルヌーブが事故で客席に突っ込んだ年（77年）かな。

自分の好きなバイクを組み立ててスタジオに持ってきて、ウワーってエンジン音を響かせたこともありましたよ。4気筒のエンジンをフルスロットルで。それもラジオ番組だよ、何の番組だったのか（笑）。

「こうしろああしろ」という指示なん

かしない。何でもあり。そもそも頭脳警察のPANTAを起用すること自体が世間では驚きだったからね。

当時、波田野さんは「東大三羽烏」と呼ばれていた。俺の大親友の橋本治も東大だ。68年に安田講堂事件があり、69年の入試は中止だった。どこかで東大卒というコンプレックスがあったのかもしれないな。

橋本はすごくポジティブだったけれど、波田野さんはひねくれていたから、屋根裏でもずいぶん裸踊りをやってたらしいしね（苦笑）。酔っぱらってね。俺は見たことないけれど、そういう話は聞いてる。

頭脳警察が活動した69年から70年代にかけて、世界はまさに「闘争の時代」だった。55年に発生したベトナム戦争はますます激しさを増し、61年に就任したアメリカ合衆国ケネディ大統領は、「軍事顧問団」という名の特殊作戦部隊を派兵。戦線を拡大させる。

若者たちは「武器ではなく花を」をスローガンに「フラワーチルドレン」と呼ばれるカウンターカルチャーを形成して対抗。「反戦歌」が次々と生まれ、ボブ・ディラン、ニール・ヤング、ジョン・レノンらがヒーローとなる。

日本では、70年の安保闘争を前にして68年東大で「全学共闘会議（全共闘）」が誕生した。各地で街頭闘争が行われ、成田闘争や沖縄デー（4月28日）では、機動隊と学生が激しく衝突した。

関東学院大に入ったPANTAは、「頭脳警察」を結成。バンド名はフランク・ザッパ&マザーズ・オブ・インヴェンションのデビュー・アルバム『フリーク・アウト』の中にあった「フー・アー・ザ・ブレイン・ポリス？」から取った。

クソガキが真似ていいのか悩んで捨てるんですブルースを

高校時代から毎日寝る前に詩を2編書いて、朝起きて学校に行く前に曲をつけた。そういう日課はあったね。最初の高校をバイクを盗んだという冤罪で退学になって、錦城高校に通うようになってバイクに乗れなくなったから、余計に音楽にのめり込んだんだろうな。

詩が沸きだしてくるというよりも、夜更かしして英語の勉強をしているという口実で、最初の100曲くらいは全部英語なんですよ。

本当は18歳の時にブルースに出会って、それがかっこよくてどんどん黒っぽい世界観が好きになっていくんです。でも、黒人の歴史を考えたときに高校生のクソガキが真似して歌っていいのか、と考えた。サム・クックやオーティス・レディングに憧れてはいたけど、真似する歌じゃねぇだろうと。悩みに悩んで捨てるんです、ブルースを。

だから19歳で作った頭脳警察では、一切黒っぽいものは入れなかった。一番大好きなくせに。「ダサくてもいいからオリジナリティに満ち、自信を持って人前で演奏できるもの」を目指したんだ。

自分で自分を縛ったのかな？

頭脳警察がまだアマチュアだった頃に知り合ったのは下田逸郎だった。俺、大好きだった。彼が東京キッドブラザーズの芝居用に書いた「北北西に進路を取れ」とか。

当時東京キッドは人気者で、渋谷のエピキュラスの下に「ヘアー」っていう小屋があって彼らの拠点だった。俺はちょっと手伝って幕の裏で演奏したりしてたんだ。その後、下田は石川セリに「セクシィ」なんていい歌書くからさ。大好きですよ。

ステージに登ったら頭に血が登っちゃって気がついたら叫んでた

大学に入って、キャンパスである男に「世界革命戦争宣言」ていう本を紹介されてね。その手の本が並んでいる、横浜のルビコン書房で買ってパラパラとめくっていたんだ。まぁ難しい言葉が並んでいたから何もわからなかったんだけど、巻末にあった「世界革命戦争宣言」にガツンときちゃってね。

イデオロギーではなくてヒューマニズムとして心打たれちゃったんです。君たちがベトナムで無名の人々を殺す権利があるなら、我々にも君たちを殺す権利があるって、政治家の実名を入れて書いてあった。それが素晴らしくてさ。

たまたま翌日、日比谷野音でコンサートがあって、何か適当なリズムに乗せてウイスパーで歌おうと思ったんだ。ラジオの「ジェットストリーム」みたいに渋くね。

ところがステージに登ったら頭に血が登っちゃって、気がついたら叫んでた。アジテーション、ラップですよ。

俺はあの歌は一回限りでやめようと思っていたのに、困ったことにコンサートで火がついちゃった。口コミであっちこっちに広まって大学祭には呼ばれまくった。北海道から九州まで、全部呼ばれたね。

大学は戦場だったから歌いながら避けて避けながら乱闘になって

そうするとさ、俺たちは違う歌をやりたいと思っていても、学生たちはそれを聴きたくて呼んでくれているんだから、歌わないといけない。

結局1日何回も歌うハメになってね。「津軽海峡冬景色」なら何回歌ってもいいけれど、「世界革命戦争宣言」は何回も歌う歌じゃないからと言っても、彼らは満足できない。

俺たちも彼らを無下にはできない。それが辛かったんだけれど、そういう状態が75年の解散まで3年間続くんですよ。「世界革命戦争宣言」、「銃をとれ」、「赤軍兵士の歌」を延々とやらないといけない。

当時はワンマンコンサートはなくて、フェスティバル方式だから、ひとバンド30分から40分。短いから思いきり暴れるんです。

客席からは石やビンが飛んでくるからこっちも必死。味方ばかりじゃなくて右翼の体育会系の学生もいるからね。大学は戦場だったから、歌いながら避けて、避けながら乱闘になって、ツアーといっても仕事という感覚は全くなかった。

三里塚の「幻野祭」への出演も、青年行動隊の人が日参してきてくれてね。俺らは断りまくっていたんだけど、彼らの熱心さに負けたというか、押しきられちゃった。彼らは闘争で地域の祭がなくなったから祭をやりたいときた。

「だったら盆踊りをやりなさいよ。ロックコンサートなんて学生のマスターベーションだよ」と言ったんだけど。

でもあの日、地元のおばちゃんたちがモンペでほっかぶりして武田節を踊ってくれたのは嬉しかった。櫓《やぐら》を組んだステージの上でね。なぜなら信玄は城を築かなかった武将だから。「人は城人は生け垣」。それが実に三里塚らしい。だからあの踊りの光景を見た時は嬉しかったなぁ。

75年、PANTAはトシに呟いた。「そろそろ葬式をあげたいんだ」。それまでには、何度もバンドのイメージを変えようというトライがあった。ツアーのやり方も変えたいとも思った。

けれどその度に、状況はさらに歪んでいく。違うトーンの歌を歌いたいと思っても、そんなのウケるわけないと否定される。PANTAの呟きは、まさに断末魔だった。けれど自らを葬る前に、ひとつだけやり残したことがあった。

銃の乱射事件が起きた1曲目から「銃をとれ」ダメですよ

解散の前にどうしてもやらないといけなかったのは、ファーストアルバムの自主制作。72年の発売前にファーストが発禁になったとき、スタッフが雑誌の小さなコラムに「自主制作します」って書いちゃった。

そしたら全国から現金書留が送られてきて、600通だったかな？ その人たちには約束を果たさないと解散できない。詐欺師になっちゃうからね。しかもその金は、4年の間に誰かが使っちゃって封筒だけしか残っていない。だから自腹を切らないといけない。

三里塚芝山連合空港反対同盟・青年行動隊主催の「三里塚で祭れ幻野祭」には、頭脳警察として1971年8月14日、15日に出演。初日のライブはmオムニバス盤『幻野 '71日本幻野祭 三里塚で祭れ』に収録されている。

そこで考えたのは、少しでも経費を節約するために、レコードジャケットがそのまま封筒になるデザインだった。そこにデザイナーが3億円事件の犯人の顔を描いたからまたややこしいんだけど（苦笑）。

そもそもファーストアルバムは、ビクターのMCAという洋楽レーベルから出る予定だった。部長は「出す」と言ったけど、俺は歌詞に問題があると思って「やめたほうがいいよ」と。すると「大船に乗った気でいてくれ」と。

でも京都府立体育館と千駄ヶ谷の東京都体育館でライブ録音して、いざ発売という段になってプレス前に「発禁」になっちゃった。

邦楽の部署からチクリがあったと聞いたけど、真相はわからない。当時はテレビをつければ浅間山荘事件の生中継が流れていた。「世界革命戦争宣言」は籠城《ろうじょう》している連中の歌なんだから（苦笑）。

慌ててスタジオ録音に切り換えて、ヤバい曲は外してレコーディングしたんだけど、今度は発売の時にテルアビブのロッド空港で銃の乱射事件が起きた。1曲目から「銃をとれ」だからね、ダメですよ、当然ね。

1972年1月9日、京都府立体育館で行われた「第2回MOJO WEST」のライブフライヤー、同年、1月10日東京都体育館「オール・ジャパン・ロック・フェスティバル」のポスター（後列右からふたり目がTOSHI、ひとり挟んでPANTA）。

3億円犯人の顔を机にずらーっと並べてスタンプ押し続けた

慌てて録音したのがサードアルバムで、これには「ふざけんじゃねぇ」っていう、自分でもひどい歌詞だなぁと思うのも入っている。それでもビクターで麻丘めぐみと一緒にヒット賞をもらったんだ。

でもファーストアルバムは、ファンとの約束通りに送らないと解散できない。それで自主制作してジャケットも作って、郵送しようと思って渋谷郵便局に持っていった。そしたら自分でスタンプを押さないといけないと言われ。

3億円犯人の顔を机の上にずらーっと並べて自分たちでスタンプ押し続けた。それでやっと屋根裏に行って解散できたというわけ。

解散コンサートは、身内だけでささやかに葬式ができたらいいなと思っていたんだけど、友川かずきが全てぶち壊しやがって！　東北弁で騒ぎまくってうるさいうるさい。

俺たちの大ファンでおっかけまでやっていた奴だからね。ま、それで第一期の頭脳警察をやっと葬ることができたんです。

19歳で作ったバンドを25歳で「葬り」、PANTAはソロとなり弾けたように多彩な活動を展開する。アイドルへの楽曲の提供、ロックミュージカルの音楽監督、俳優業、アニメやゲームのファンとしての活動等々。日本赤軍の元最高幹部重信房子との交遊関係から、娘メイとの共作もある。

そして2019年には「頭脳警察50周年」を記念して、映画『頭脳警察50、未来への鼓動』がつくられた。

「この素晴らしき世界」じゃないかと気づいて鳥肌がたった

映画のエンドロールで流れる「絶景かな」っていう歌を書いたんだけど、録音して数週間した後で、「あっこれ！『この素晴らしき世界（What a Wonderful World）』じゃないか！」と気づいて鳥肌がたった。

20代か30代の頃、ルイ・アームストロングが戦争に行く前の若い兵士たちに、満面の笑みでこの歌を歌っているシーンを見たことがあった。

歌い終わったらスタッフが、「彼らはどこに行くのか知っているのか？　ベトナムに行くんだぞ、半数以上は帰って来ない。そこでお前は「この素晴らしき世界」を歌っているんだぞ」って言って終わる。

あの時、自分も還暦かそれくらいになったら、あの何の変哲もない「空は青く、雲は白く、なんて素晴らしい世界なんだ」を歌えるくらいの価値がある人間になっていたらいいなぁという、ささやかな思いがあったんだ。

今回、若いメンバーからこの曲を今度のライブで歌いましょうよと言われて、改めて歌詞を見たときに戦慄が走った。

「木々が青く、バラは赤く」っていう歌詞は、実は枯葉剤で燃やされる森を歌っているし、バラの赤は兵器の炎の赤。「空は青く雲は白く」というのは星条旗。

3番で歌われる「赤ん坊の泣き声」は未来への希望を託す新たな誕生の声だ。

その歌が映画『グッドモーニングベト

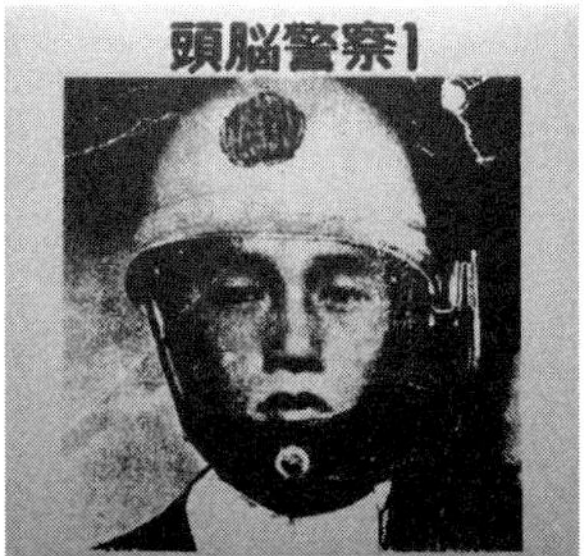

1975年自主制作にて制作600枚限定の「頭脳警察１」。奇しくも屋根裏での解散コンサートの日、12月31日に発送されている。2001年の復刻版。2002年にはCD化。

ナム』の中でもかかってね。それも爆撃シーンで。「うわ〜かなわねぇ」って思いました。ダブルミーニングなんてものじゃなくてトリプルだ。

それを「絶景かな」を書いた後で思い出して、自分でも唖然としたんだ。この歌を書くまでに50年かかった。それだけ意義のある歌だったんだね。

PHOTP／高田崇平（上下ともに）

PLOFILE
PANTA（パンタ）
1950年2月5日生まれ、みずがめ座 A型。
1970年、頭脳警察でデビュー。5年後、頭脳警察が解散し、ソロ活動を経て1977年PANTA&HAL結成。70年代ロックの最高傑作といわれる「マラッカ」を含む3枚のアルバムを残しHAL解散、再びソロ活動を行う。1979年には「クリスタルナハト」をリリース。映画や舞台では役者として活躍するほか、音楽プロデュース、楽曲提供と活動は多岐に渡る。2020年、頭脳警察復活。ドキュメンタリー映画『zk／頭脳警察50 未来への鼓動』公開。著書は「ヤルタ★クリミア探訪記（ハモニカブックス）」「PANTA自伝1　歴史からとびだせ（K&Bパブリッシャーズ）」詩集「ナイフ（JICC出版局）。

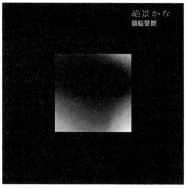

2020年7月18日、頭脳警察、結成50年を記念したドキュメンタリー映画『zk／頭脳警察50 未来への鼓動』が公開。同時に500枚限定で「絶景かな」（BRAINPOLICE UNION）をリリース。

第二章

清志郎、壊れた

相変わらず屋根裏を満杯にできない日々が続いていたある日、清志郎が肩まであった髪をばっさり切って現れた。少し驚いた。

はにかんだように伏し目がちなところや、ぼそぼそっと面白いことをつぶやくところとか何も変わっちゃいないのに、短髪の清志郎は何だか違って見えた。

その頃からステージ衣装も変わってきた。開き直ったみたいに尋常じゃなくなっていく。

しかも毎回テイストがバラバラで、書生風かと思えば工事現場で働く人風、次はメタル野郎風、次は……チープなアクセサリが耳にジャラジャラ、頭にジャラジャラ、指にジャラジャラ……。

意味分かんないファッションセンスに戸惑った。仕方ないので「キヨシロー、パンクに転向!」ってなノリで宣伝した。

壊れたの? 清志郎……

でも、なんか前よりカッコいいじゃん

あるライブの夜、いつものように客入れをしていたらロー

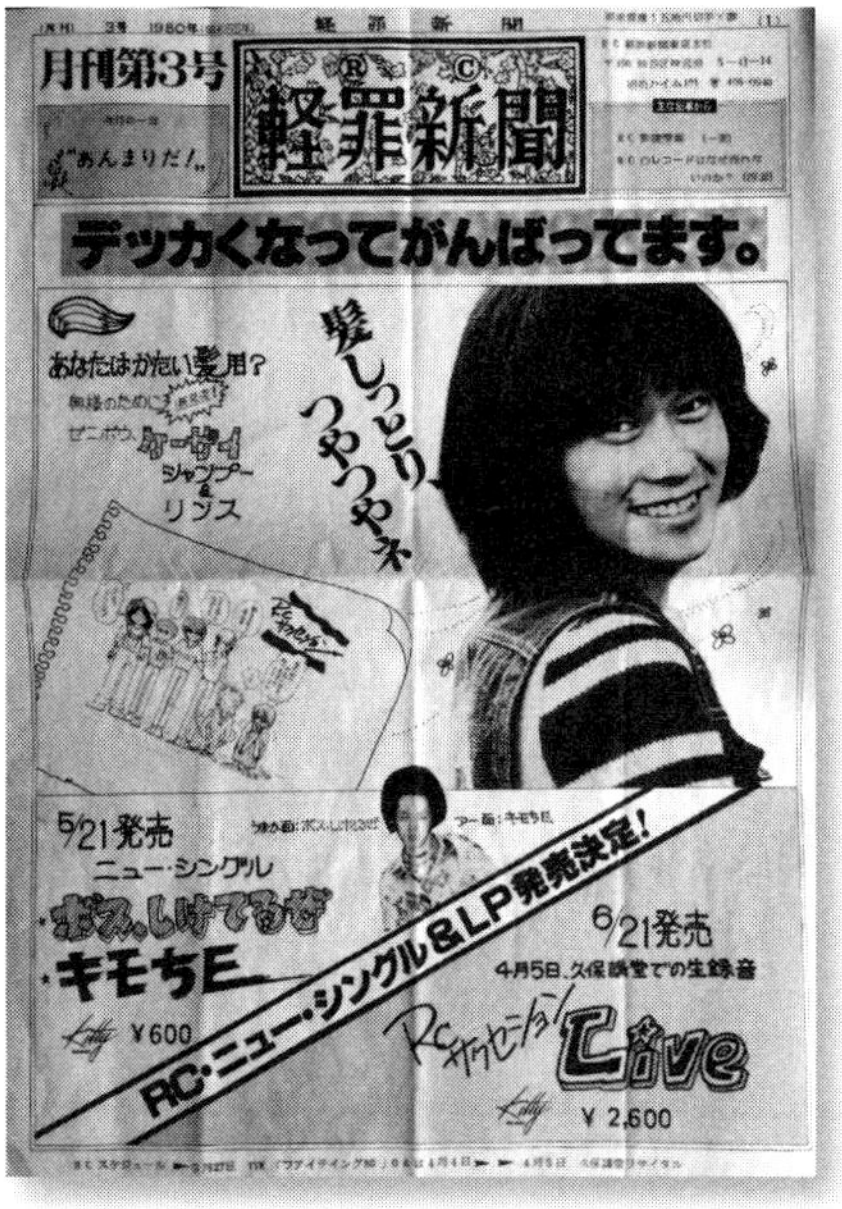

ディーが切羽詰った感じで「一緒に来て!」って言う。「今忙しいから他の店員を」って断ると「女の人じゃなきゃダメなんだよ!!」とのこと。きっとまた何事かが起こったのだ。訳も分らず楽屋に飛んでゆくと、清志郎がアイシャドウを手にして待っていた。

清志郎「化粧してくんない?」
わたし「……何で?」

それは女友だちにもらった可愛いらしい化粧セットだった。アイシャドウは全部パステルカラーで、ファンデーションを塗っていない皮膚にはシャドウをいくら重ねてもあまり目立たなかった。

清志郎はそれが不満だったのか、そうだ眼尻に長いラインを書いてくれと言う。

参ったな、実はわたしはあまり化粧が得意ではない。ましてやアイラインなど生まれてこのかた引いたこともない。しかも相手は男だ。どうすりゃいいの。

ところが清志郎もメンバーたちも、女なら化粧できて当たり前なんだろうと愚かにも信じ切っている風でわたしを見ている。

仕方ない。目を閉じて待つ清志郎に恐る恐るラインを引き始めると、「もう少し太く長く」などと、だんだんと大胆な注文が来るので、もうどうなっても知らないからねと、最後は清志郎の顔をわしづかみにしてガシガシ塗った。

それでも何かインパクトに欠けるので、「ちょっと待って！」と店に戻り、誰かの忘れ物だった真っ赤な口紅を持って楽屋にとんぼ返りし、アイラインの出来にまんざらでもないような清志郎の唇に何重にも赤く塗りまくった。で、何とかなった！

他のメンバーは、最初は冷やかしながら見ていただけど、だんだん綺麗？になっていく清志郎を見て「俺もやるかぁ？～」などと、楽屋は珍しく盛りあがっていた。

そしてRCのメンバーは不思議なテンションのまま、あの夜、いつにも増して熱いライブへと楽屋を飛び出していった。

RCサクセション
THE VOICE
TVでおなじみ
シングル
ステップ!
発売中!!
DKQ-1063
何を今さら"シングル・マン"
不幸にも廃盤になってしまっていたLP「シングル・マン」。今では幻の名盤とまで言われていますが、発売より3年半たった今、多くの方々の御協力により再プレスすることができました。初回の限定100枚はすぐに売り切れましたが、11月中旬にはまた下記の店頭に並びます。
※お問い合わせ先
国立レコードプラント
TEL 0425－77－0223
池袋西武デパート12階「アール・ビバン」
TEL 03－981－0111
青山パイドパイパーハウス
TEL 03－499－1966
住所：東京都港区南青山5－10－6
なお、地方への郵送はパイドパイパーハウスがお取りあつかいしています。郵送料は550円ですが、送金等詳細は直接お問い合わせ下さい。
その他お問い合わせはキティ・レコードへ：
TEL 03－499－4711
これがうわさのシングルマン！

愛しあってるかい

今なら普通にＤＶＤやテレビやネットで見ることの出来る海の向こうのミュージシャンたちのライブだけど、あの頃は映像で見ることはほとんど出来なかった。

そんな時代にストーンズやＫＩＳＳやボウイやピンクフロイドやボブ・マーリィなどなど、そうそうたるミュージシャンのライブを放映する『ヤングミュージックショウ』というＮＨＫのお化け番組のプロデューサーが屋根裏を作った波田野さんだ。

彼は経営危機の屋根裏を盛り上げる機会になればと、業務用16㎜ビデオデッキと大きなモニターを持ち込み、ＮＨＫで放映した『ヤングミュージックショウ』のビデオを提供してくれたのだ。

当時まだ家庭にビデオデッキなる物が普及していなかったので、好きな時に好きなミュージシャンを見られるのは屋根裏だけ！　という企画、すごくない？　ロフトに勝ったと思ったね。

でも一番喜んでいたのは屋根裏の出演バンドと店員で、夜のライブが終わった後にリクエストに応えて流した。

清志郎は多分リストのほとんどを観たのではないだろうか。特にお気に入りだったのがオーティスレディングのモントレーライブ。もともとR&B大好きとは知っていたけど、毎回食い入るように観ていた姿が印象的に残っている。

すでに亡くなっていたオーティスのシャウト。そのライブ会場が不穏な雰囲気で荒れて行く中、オーティスが振り絞るような声でファンに語りかける。

「みんな、愛しあってるかい？」

清志郎は何度もリクエストして画面を見つめていた。

それからしばらく経ったRCライブの夜、メンバーの奏でるあのオープニングに乗って登場した清志郎は、マイクを握るなり叫んだ。

「イエーイ！ 屋根裏のみんな！

…愛しあってるか～い？」

オーティスより熱い声で、清志郎は叫んだ。

予感

たとえば芸能界で急に売れちゃうアイドルとかもあんな感じなのだろうか。
清志郎があの日、化粧をして「愛しあってるか～い！」と叫びだした頃から、RCのお客はライブをするごとに倍々ゲームのように増え続けていった。

そういえば「キティ」の人たちもよくRCを見に来ていた。キティは渋谷の宮益坂に建つ大きなビルの中にあって、飛ぶ鳥を落とす勢いのレコード会社だった。
あの頃、業界人は名刺を出せば入場フリーとなる店が多かったのかもしれないけど屋根裏は別。少なくともわたしのいた時代はそうはならない。中には文句言いながら帰って行く人もいたけどね。サヨナラ。

キティの若い社員たちに「チャージはいただきます、これがバンドのギャラになるんです」と言うと、差し出した名刺を引っ込めて快くチャージを払ってくれた。それもポケットマネーで。「でもこれは仕事です！」と言いながら随分楽しんでいたっけ。背広姿は妙に浮いていたけど。

その頃には音楽業界の人たちの耳にも新生RCの噂が届き始めていたのだろう。

渋谷の片隅から発信されたRCのライブの評判は、少しづつ口コミで広がり、色んな人が色んな場所で新しいRCを発見して心を揺さぶられたのだろう。

たとえば廃盤になったレコードの再発売、そんな話が持ちあがったのも確かその頃だ。


とにかく、RCの近辺はなんとなく慌ただしくなってライブに来てくれるお客さんもあっという間に100人を超えていく。ということは、店員は毎回せっせと重いテーブルとベンチを運び出すことになる。

でもそれがうれしかったよね。


清志郎はどんどん化粧が濃くなっていく。

いつの間にかメンバー全員が化粧に取り憑かれる。

比例するかのように客層も厚くなり、若い女の子の黄色い声が聞こえるようになる。

そんなこと、少し前にはありえなかった。

関係者の誰もがRCの大ブレイクの予感をひしひしと感じていたまさにその頃、いきなり春日のハチさんが消えた。どっかに修行の旅に行ってしまった。

あんまり唐突でびっくりした。

でも、それよりもっと驚くことが待っていた。

それは、RCのリハーサルに小川銀次が立っていたこと！

しかもRCの曲をガンガンに弾きまくっている。

「オレ、RCやるから」って……意味不明。

あの時は冗談だと思った。

奇跡のカップリング

対バンのブッキングをする時、実はとても気を使う。

ふたつのバンドの音楽傾向が似通っていても新鮮味に欠けるし、かといってかけ離れていても上手くいかない。それぞれのバンドの持ち味が生かされて、観客は両方のパフォーマンスに満足して得した気分で帰る。コレが一番最高だよね。

だから、間違ってもRCとプログレバンド……例えばクロスウインドとか（そう、実はハードロックよりハードなクロスウインド）などという対バンは考えられない。絶対！

でも現に今、クロスの小川銀次がいつものようにオーバーオール姿でRCのリハーサルにいる！　何ということでしょう。店長も店員もコレにはぶっとんだ。

クロスウインドはRCと時期を同じくして昼の部でがんばっていたバンドだ。銀次はよく屋根裏に遊びに来てはビールを無断で飲むから、ある時から店長は毎日ビールの在庫をせっせと数えて1本でも数があわないと「銀次〜〜!!（怒）」。

そんな逸話があるくらい屋根裏とは切っても切れないミュージシャンのひとりだ。

多分、彼も屋根裏を好きだったし、わたしたち店員も、もちろん店長も、この二十歳そこそこの「小川銀次」というギタリストのすごさに、ちょっと畏怖《いふ》の念を抱いていたのかも。

それほど彼のギタープレイは人を惹きつけた。

もちろん素晴らしいギタリストは他にも沢山いたのだけど、でもその誰とも似ていないあの音、あのフレーズ、あの熱。

クロスウインドのリハが始まり、例えば名曲「流氷」「みのむし」なんてやられた日には、思わず店員全員が聴いてしまい全然仕事が進まなかったりするほどだった。

そんな小川銀次とRCの共演、ワクワクしないはずがなかった。

楽しみ！……でも心配……でも楽しみ！……いや、やっぱり心配。

銀次はRCサウンドをぶっ壊しはしないだろうか……。

ところがだ。

この異質とも思えたふたつの個性は奇跡みたいな化学反応を起こして、ズシンと腰にくるような、それでいてヒリヒリとヤケドしそうな熱い音を作り出した。

銀次のギターはチャボのかっこいいバッキングギターに乗って見事にハマりアンサンブルがさらに厚みを増す。力強くタイトなリズムを刻む新井田耕造のドラム。RCの音楽を知り尽くしているリンコの地を這うベース。そして、どんなバンドの音にも絶対に負けない清志郎のシャウト!!

ああ、今思い起こしてもなんてすごいロックバンドなんだー!!

銀次の加入で、さらにロック色が鮮明になったRCサクセション。もう誰ひとり座ったまんまじゃ聴かせないぜとばかりに、狭いステージから客席に飛び出す清志郎のパフォーマンスに、客とバンドの一体感はどんどん増して、ライブはいつも鳥肌が立つほど素晴らしかった。

ライブハウスの店員の最高の喜びといったら、こんなバンドやライブに出会う時だ。

客などいない時から、その音楽を信じてがんばってきたバンドの晴れ姿を見ると、まるで育ての親みたいな誇らしい気持ちにさえなる。そんなに大した事は出来ないけれどね。

きっと他にも多くの人たちが、店員の私たちと同じようにRCを応援し、共に大きな夢を見たのかもしれない。
そしてその事を忘れなかった清志郎がいたこと、それは後日談で。

RCがブレイクしはじめたあの日、シングル「ステップ!」が発売された。

いち早く屋根裏に届いたレコードをワクワクしながら店内でかけた。

ん? 何か違う……何かヘン……これRC? スタジオ録音だから?

よくよくジャケットの文字を見ると、なんとバックがRCのメンバーと違うじゃありませんか!! そんなことってあり?

店員の間では最高に不評だった。

これがメジャーで売るってことなのか。大事な魂が抜けちゃっている……少し悲しかった。

それでも「ステップ!」のおかげでRCのライブには新たなファン層が押しかけてくるようになる。

店員は毎回せっせとテーブルと椅子を移動。階段には開

場待ちのファンが並んで、ついにはビルの外まではみ出てしまうので、ロンドンから営業妨害って怒られる。で、仕方なく朝から整理券を配ることになる。おかげで店員はさらに就業時間が長くなりうれし泣き。

ライブを重ねるごとに大きくなっていくRCサクセション。彼らはこの小さなユートピアから、もっと広い世界へ羽ばたこうとしていた。

わたしの想像を遥かに超える速さで。

◇◇◇◇◇◇◇

屋根裏ベイビー

これまで書いたのは、わたしが渋谷屋根裏の店員だったほんの2年間の出来事。

RCが、清志郎が、キングオブロックなどと言われるようになるなんて思いもしなかった。ただあの時、いちばんエキサイティングでアドレナリンが出るバンド、それがRCサクセションだった。

読み返してみて、よくもこんな青春サクセスストーリーに仕上げたなって思う。

「渋谷屋根裏」はアングラでアナーキーでヤバくて入り難いようなライブハウスだったとよく聞く。

でもその通りよ。

ライブハウスではいろんなことが起こる。強烈な個性がぶつかりあい、愚痴や亀裂や裏切りや、思い通りにならない事が起こったりする。

「いいことばかりはありゃしない」のだ。

そんな話は全部封印して、バンドはステージにいる。

今日来てくれたあなたのために、バンドのために、自分のために、ベストを尽くす。それがプロのプライド。
そんなミュージシャンばかりだったよ。だからわたしたち店員もベストを尽くすのだ。

伝説となった「RC屋根裏4日間」ライブ。
どうしてだろう、実はスタッフの誰もがあの日のことをあまり覚えてない。
せいぜい記憶に残っているのは……、
死人が出ないのが不思議なくらい人が押し寄せたこと。
坂田マネージャーがあの夜の約束を叶えてくれたこと。
そしてもう、RCは屋根裏に出ることはないだろうと思ったこと。

ここからは後日談を……。

でも今夜はあなたをあの時の屋根裏に誘いたい。
さあ、準備はいいですか。
イキますよ。

客席は今夜も満杯のスタンディング。

いつものようにオーティス・レディングの「シェイク」が流れると、場内に大歓声が起こる。

楽屋から「行くよ！」の合図が来て、チャボ、リンコ、新井田、ハチ、銀次、G2、が階段を駆け降りて来る。と同時に店内の明かりが消え、ステージには赤紫の照明がぼんやり灯る。

テンションすでにマックス。メンバーたちが客をかき分け、やっとステージにたどり着いた。そしていよいよあのオープニングのイントロが始まる。


タラッタッタタラッター♪

照明係の店員が煽《あお》るように明かりを点滅させる。

わたしはドアの外で清志郎と待つ。

タラッタッタタラッター♪

客の手拍子と指笛と叫び声がどんどん大きくなる。

そろそろ行く？

まだまだ、と清志郎。

タラッタッタタラッター♪

さらに煽るように銀次のギターがグイーーンと鳴った。

そろそろ?
うん、行く!
わたしは一気に分厚い木のドアを開けた。

店内はもう興奮のるつぼ。

色とりどりの照明が点滅する奥のステージへと、客をかき分けかき分け進む清志郎の背中。大丈夫か? たどり着けるのか?

やっと今、ピンスポットの中でマイクを握った。

ミキサーOK! 照明OK! すべてがOK!

さあいよいよ最高のロックロールショーのはじまりはじまり。


「どうだい のらないか屋根裏ベイビー!!

よおこそぉ~!!」

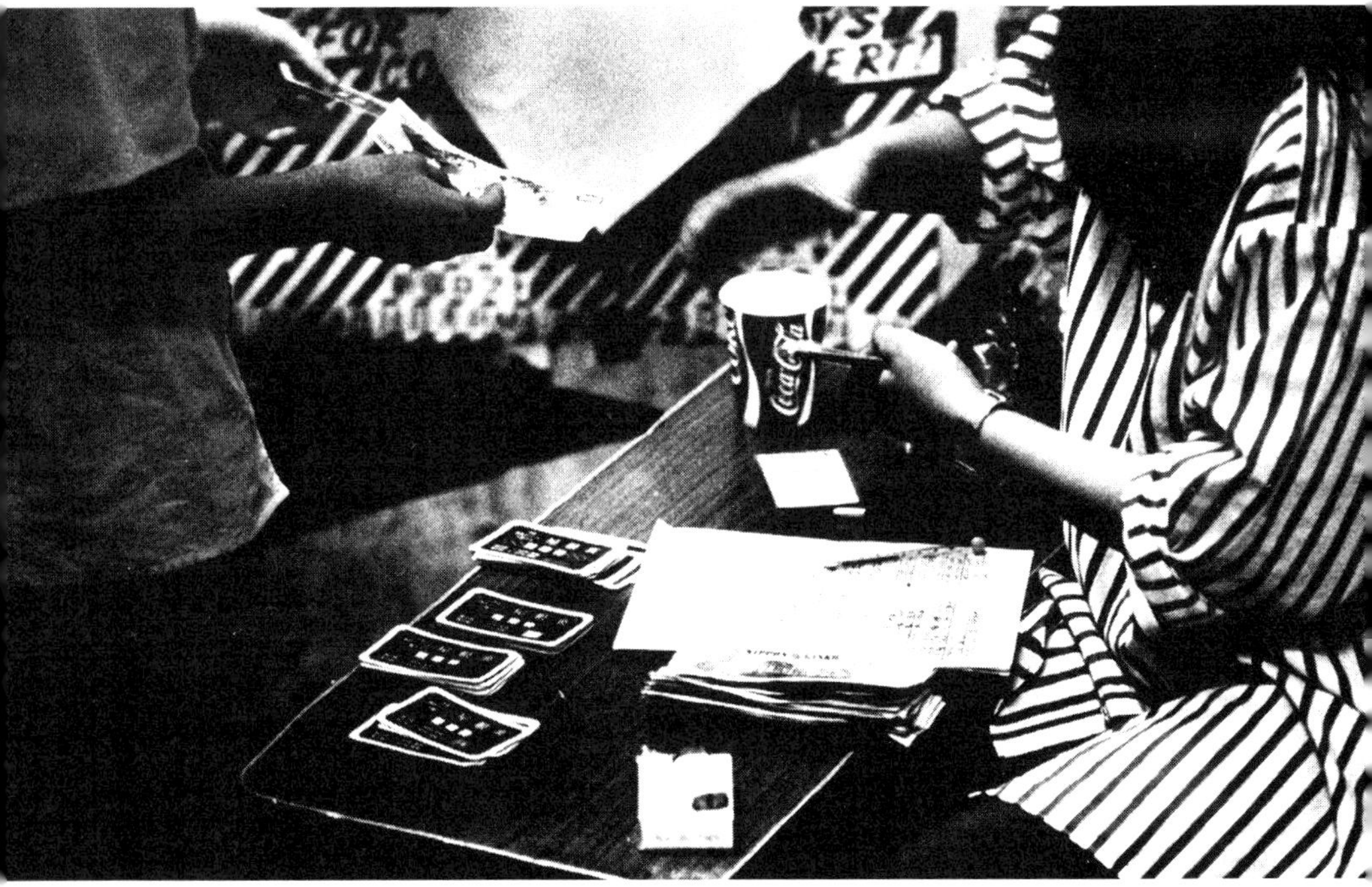

PHOTO／三文役者スタッフSANA

そこに愛があった

ＲＣサクセションは屋根裏の小さな小屋から、広い世界へ飛び出して行った。

そんなＲＣに続けとばかりに、今日も屋根裏の昼の部には、無名のバンドマンたちが続々とやって来る。雨が降ろうが矢が降ろうが、どんな嵐も何のその、「今日もよろしくー！」と元気よく楽器を担いであの階段をやって来る。そして、「こらこら、そこで燃え尽きちゃダメよ！」くらいのリハーサルを終えて本番を待つのだけど、お客はなかなか来ない。そのうち、「まさか０人？」なんて恐ろしい話がチラホラ。そんな事が時々あった。

あの頃、出演バンドには完全にノルマなし。だから、たとえ０人でもペナルティはないのだけど、でもね、お客さんがひとりもいないっていうのはやっぱりツライ。もちろん店もツライ。

ところが、それよりツライのがバンドマン10人VS客ひとり。すごいよ、この場面。受けて立つお客さんが気の毒すぎるほどの緊迫のライブ。

でもこうなったらしょうがない。元気よくやるっきゃない。

さあ、ライブが始まった！　どうなるのこれ。

バンドマンたちは、まるで千人もの客の前に出るようにド派手に登場するやいなや、いきなりホーンセクションがファンキーなメロディで盛りあげ「カモン手拍子一緒に」と容赦ない。

戸惑う客も必死で拍手。

やけくその店員も必死で拍手。

そして、全員の涙ぐましい愛と努力の果てに不思議なことが起こる。


「何だよいつもよりイカしているじゃないか！」


本物のバンドはそんな時こそ素晴らしい演奏をする。

そりゃ最初は客ひとりで、あーあって腐るよ人間だもの。でも、最初の音を出した時にすべては変わる。そんなことはどうでもよくなる。いつしか自分に好きな音楽にまっすぐ向きあっていく。

そうなんだ、楽しいのだ音楽が。つい没頭してしまうのだ、もっともっと、と。だから素晴らしいライブになるのだ。

ＲＣサクセションも、そんなバンドだった。

毎日毎日、全力疾走するバンドマンたちを見ていた。

それは刺激と驚きに満ちた日々だった。

でも、いつかそれが日常になった。

日常になった景色は、少しずつ色を失くしていくことを、わたしは知った。


ハチ公の足元から2年経った頃、店を辞めますと告げた。

「ちゃんと法人にするで。給与もあげなきゃね。人も入れなきゃね、これから益々よくなるでー、ユミ」

と、店長は言う。


「安定したいわけじゃないんです。

もう、耳と、ハートがダメなんです。

音楽に感動できなくなりました。」


店長は、何か言いたげで、それでも、「そうか」って、あの関西弁で。

沢山の思いがあっても、何も言えない時がある。

あの時の店長がまさしくそうだったと、今思う。

そして、それはいつも愛なんだ。

あの時、わたしの考えていたこと。

悪魔の階段をおはよう！！とあがって来たあのバンドマン達の汗と笑顔。好きなことに一直線の愚かしいほどの情熱。誰もいない客席に向かってほとばしる思いをぶつける無名のロッカーたち。
その強さがわたしには羨ましく眩しかった。そんな風になりたかった。確かわたしはそんな女の子だったはずだったと思い出した。

逃げちゃダメなんだよ。逃げている限りそれはいつも後から追いかけて来る。自分を信じて、とっとと自分の道を行きなさい。君は自由だから。
屋根裏はわたしにそう言っていた。

暖かな冬の日に、少し後ろ髪を引かれながら屋根裏にさよならを告げて、わたしは新しい世界へ向かった。

そこは思ったより眩しい場所だったけど、今度は指で丸めた双眼鏡ではなく、ちゃんと自分の目で見るんだと決めた。

クロージング・タイム

屋根裏は、3つの時代に分かれている。
NHKディレクターだった羽田野さんが外国の小さなライブハウスで感じたロックの熱を日本で実現させようと始め、いつかロックバンドに限らず若手ミュージシャンの登竜門になっていった屋根裏。
ロック、アングラ、アナキスト、抑圧からの解放、ラブ&ピースのヒッピー精神などが交錯する70年代の若者文化をごちゃ混ぜにしたような屋根裏の前期。

変わる音楽業界の中で荒々しい熱を引き継ぎながら、ひとつの役割を担った事を証明するかのように世に出ていったロッカーたちの後ろ姿を見送り、屋根裏としてのプライドを保とうと、理想と現実の狭間《はざま》でもがき始めた中期。

そしていつか時代は混沌《こんとん》としてライブハウスは乱立し、屋根裏が屋根裏である意味を模索しながらも少しずつ疲弊《ひへい》してゆく中、徐々にあの独特の光と匂いが消えていってしまった後期。地上げ問題、騒音問題、権利問題 etc……。様々な軋轢《あつれき》の中で苦労していた店長のことを、何十年も経ってから聞いた。

仕方ないじゃない。

屋根裏はもともと無謀な実験劇場。

ヌーベルバーグの映画よろしく、いつかは散っていく運命なんだ。

残るのは大輪の花火の余韻のような、少し鼻に残る火薬の匂い。


わたしの屋根裏物語は、中期のたった2年間のことだ。

もしも違う店員が屋根裏のことを書いたら、全然違うものになるかもしれない。

だってそれぞれの時代はまるで異なる景色なのだから。

ただ屋根裏を知っている誰もが、今だに自分の中に燻《くすぶ》っているあの匂いに気づき、まるで一夜の夢のように思い出すのが、「渋谷屋根裏」なのだと思う。

あの屋根裏最後の日、
ふらりと現れた清志郎さんの胸の中にも、きっと。


30年後、波田野さんから電話があった。

「長田君が亡くなった」って。

寂しそうな声だった。

「僕はロック知らへん」と、あっけらかんと言ってのけるロックな店長だった。

考古学が好きで暇さえあれば遺跡の発掘に出かけては、その成果をああだこうだと熱く店員にレクチャーした。

うん、誰も聞いてないのに。


早めにライブが終わったある晩、「今夜はご馳走するでー！」と珍しく誘われ期待して行った店は、渋谷ガード下のひなびた餃子屋で店員一同ガッカリした。

「ほら食べや好きなだけ注文してやー」と言われても、メニューは餃子しかない。

案の定、翌日は胸やけした。


時給390円。

もっと高額なバイトも沢山あったのに。

店長があの日、言ったのだ。

「ユミ明日も来てや！ほんま頼むで！」

あんなに期待されてうれしかった。

だからわたしは2年も屋根裏通い。

終電逃して何度店のベンチで寝ただろう。

あっと間に時は過ぎて、全ては消えてしまうのだろうか。

生きた証さえも空に昇る煙のように、全ては無に戻ってしまうのか。


いいえ。

繋がっていくと思いたい。

累々《るいるい》と名もなく消えていく命の意味が、確かに誰かに繋がっていく。

そう思いたい。


屋根裏は24時終了。

いつまでも帰らないミュージシャンやお客さんの腰をあげさせようと、かけていたレコードがある。

それはいつの頃から、誰が始めたのかさえ分からないけど、わたしは今夜も同じようにこのレコードをターンテーブルに乗せる。

トムウェイツ「クロージング・タイム」
早く帰ろうよ。
そして、また明日からがんばろうぜと。

屋根裏店長／長田秋吉

Interview《インタビュー》

波田野紘一郎

ロックという新しい文化は聞く側の心の奥に隠れているフリーダムを音楽で引き出す

取材・神山典士／文・大竹香織

ロックのパワーを経営にもスタイルやあり方にも反映したものをやろう

僕らが屋根裏をやったときは70年代の真ん中辺でしたけど、すでにロフトだとか磔磔があった。それから曼荼羅とか。主にフォークが多かったですけど、ライブハウスというものは東京には7、8軒あったんですね。

ですから別に新しいこと始めたわけではないんですけれど、「ロックの持っているパワーをね。経営にも、あるいはライブハウスのスタイルやあり方にも反映したものをやってやろう」と密かに思ったんです。

僕は『ヤングミュージックショー』というロックの番組やってましたけど、2回、外国に行ったんです。最初はローリングストーンズを見に、サンフランシスコとロサンジェルス、そのときにバークレー見学に行ったわけです。シスコの隣のヒッピーの町ね。

ちょうど71年だったと思うんですけど、そこにキーストンという、割と有名なライブハウスがあった。ライブハウスだらけの町で店はロックグッズばっかりで音楽はもちろんロックで。

当時ストーカー(公共の場を裸で走る人)が流行っていて、すっぽんぽんで歩いてる人がいたんですよ。町っていうか村みたいなものですけど大勢いましたね。

お巡りが注意しても、「あなたにもおちんちんもあるでしょ」とかね。僕らが日本で見ていたロックとちょっと違ってね。まさしく、むき出しのロックの理想郷だなと。

僕らロックっていうと、外国のミュージシャンは、ほとんど武道館でしたから。1万人くらい入ってるわけです。遠くから「ああ、ありがとうございます」みたいにね。レッドツェッペリンは、遥かに、お聞かせ頂いたって感じ。

ところがキーストンは100人くらいの狭いところで。ステージがフロアから30センチくらいの、ちょっと高いところにあって。そこにエルヴィン・ビショップのグループがいてガンガンガン演奏してるでしょ。

手を出せば触れるっていうか演奏の邪魔になるくらいの関係ですからね。「一体化してるな、これはいいな」と。

スペースワープには秘技のステップがあって出演者と観客がわーっと踊りだした

それからロンドンに行ったんですけど、スウィンギング・ロンドンの時代で、デパートというデパートがハーレムみたいでした。絨毯を敷いて売り子が寝そべって、長い煙管吹いてプカーっとやって、投げ出すように品物が置いてあった。ちょっと今名前が出てこないんだ、ビバだったかな。

ペインティングとかいろんなことはしてましたけど、長い毛皮のコート着てたり、パンクやヒッピーみたいな汚くアンチっていう感じじゃない。むしろゴージャスな感じですね。

そのときも小さいライブハウスに行ったんですよ。大晦日でしたけど、ブリンズレー・シュウォルツっていうバンドが演ってて、なかなかいい音楽でね。「こんな近くで、まあまあ何とももったいないな」というくらいでね。新年のカウントダウンして、終わったらみんな抱きあったりしてね。

キングストリートだったと思うんですけど、ライブハウスの近くで『ロッキーホラーショー』をやってて、ホモセクシャルやらバイセクシャルやら入り乱れた、純粋なロックというよりキッチュなＳＦ芝居だった。

主人公のフランケン・フルター博士をティム・カーリーがミックジャガーをモデルにして演じてましたね。悪どく。がーっと唇もあれも真っ黒にして。

中世の城郭《じょうかく》風の建物で男でもあるし女でもある金髪の、ぎんぎんに輝く性的に理想的なロボットが完成して、みんなで祝っているというシチュエーションで。フランケン達は性的ハンティングをやりながら、宇宙を旅してたんでしょうな。

　実は城郭がロケットそのもので最後に上昇して時空を超えるわけですけど、スペースワープには秘技としてのステップがあって、それにあわせて出演者と観客とがわーっと踊り出した。

　今までの演劇の感覚では理解出来ない。「ああ、こんなに遊んでるんだな」って感激しましたけどね。

『ロッキーホラーショー』

波田野紘一郎。１９６２年、東京大学文学部社会学科を卒業。同年にNHKに入局。70年からAMラジオで月曜から土曜、夜10時から放送される「若いこだま」を担当した。知名度に関わらず、若いディスクジョッキーを起用し、リスナーのハガキを読み、リクエストに応える番組。「ロッキンオン」編集長であった渋谷陽一、音楽評論家の大貫憲章、増渕英紀、荒井由実（現・松任谷）、桃井かおり、PANTAなどがパーソナリティを努めた。

　後に『ヤングミュージックショー』を担当、ローリングストーンズ、ピンクフロイド、ELPなど、当時珍しかった外国人ミュージシャンのライブを放映。１９７７年、キッス初来日は武道館のライブを放送した。

NHK『ヤングミュージックショー』1977年5月7日放送「KISS武道館公演」のタイトルバックと、ディレクター当時、インタビューを受ける波田野。

「よほどライブハウスが好きだね」「大好きですよ。日本にもたくさんあったほうがいい」

NHKのそばの僕のアパート近くに「ペコ」というスナックがあって、僕の行きつけだったのね。ブロック崩しとかインベーダーをやったり。それからまあ僕を目当てにロックミュージシャンだとかテレビ関係者とか集まってきてね。毎晩、『ロッキーホラーショー』の真似をしてワープの踊りをしたりね。

そこの客に、いつも薄笑いを浮かべて、僕らのやることを見てた人がいた。僕たちは、何の先生なんだか知らないけれど、同い年くらいの、その人を「先生」って呼んでたんですよ。

ある日、先生が「波田野ちゃん、よほどライブハウスが好きだね」っていうから「大好きですよ。日本にもたくさんあったほうがいい」と。そしたらね「ちょっと来ない。うちのおばさんが、センター街でパチンコ屋をやってる」って案内してくれたのね。

1階はパチンコ屋だからじゃんじゃん流行ってましたけど、細い階段があって2階と3階はね、真っ暗で怪しげなキャバレー。その上にあった同伴喫茶がつぶれたのね。それで「この空間なんだけどどう?」って言うからね「これは結構結構」って言ってね。

持ち主聞いたら「うちのおばさんだ。後釜に何かを作りたがってる」って。「じゃあ、おばさんをライブハウスに連れて行こう」って、吉祥寺の曼荼羅に行った。そのとき、カルメン・マキが演ってて、満員で客が入りきらず地下からの階段にも、まあびっしり座ってるのね。「これがライブハウスです」と。そしたら、おばちゃんは、中を見もしないで「決めたこれにする」と。

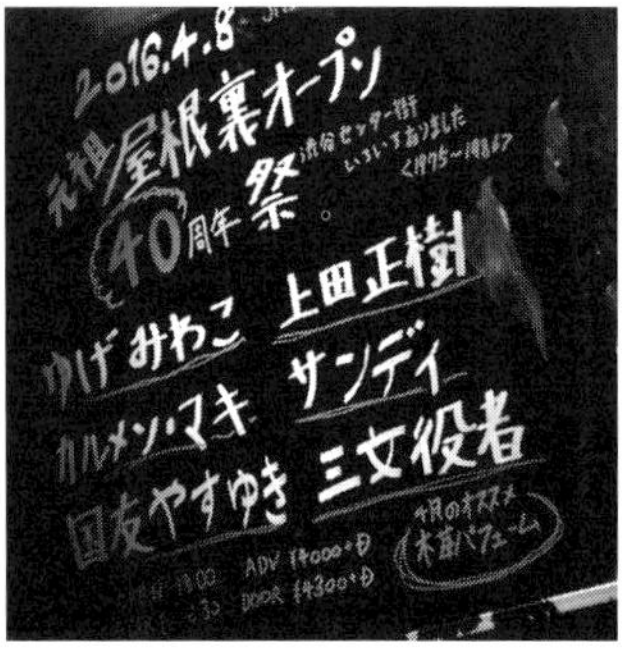

2016年4月に渋谷ラママで行われた「屋根裏40周年」で、秘技の踊りを披露する波田野。多くのミュージシャンを集め、本書著者・池畑とともにMCを努めた。

ルールを作った「金のことはうるさく言わない」「従業員は安く飲める」

それで「どういうライブハウスにしようか」と先生と相談したの。先生って言うのは長田っていう名前なんだけど、僕は「全然飾りっ気のない、杉の木の板でだーっと取り囲んだだけの全く素朴なライブハウスがいい。ステージは広くして低くしてね」と。多分、合理的に作ってていたロフトなんかに比べると、随分と狭かったと思う。

　工事が始まったのは7月。建物が整ってきたのが10月くらいで、機材をね、おばちゃんが大奮発して投資してくれたわけだな。一式揃ったのが12月の真ん中。ＪＢＬの大きい奴で。何百万かするやつですよ。高さ1・5メートルくらいあった。いい音が出るのよね。

　最初にまずルールを作ったのよ。「金のことはうるさく言わない」と。それから従業員がみんな酒飲みで、誰からともなく「従業員価格で安く飲めて、飲めるだけじゃなくて仕事中に飲む」と。

　だから従業員が客そっちのけで良い気になって飲んでた。ほかにも風呂作ろうっていうのもあったのね。隅っこで湯に入りたい人は入る、風呂つきライブハウスっていうのもなかなか面白いって、だけど技術的に難しくてね。

　次はお泊り企画。客席を作り直してゴザを敷いて毛布があって、電車で帰れない人を入れて終わりを心配しなくてもいいスタイルにしたいと。

　そういう風に始めたら東京っていうのは情報が早いんだね。若い子がどどどっと来始めて、女の子もかなり美形が来始めて、賑わい出したんですよ。


　屋根裏オープンは１９７５年12月26日である。初日、金曜がオープニングパーティでルージュが出演。27日土曜が頭脳警察の解散寸前コンサート、28日日曜イエロー。29日月曜から30日火曜にも数々のバンドが出演した。

　さらに31日水曜には、再度、頭脳警察が出演して、解散コンサートを行った。大晦日にしたのは、「ＮＨＫの紅白歌合戦」にぶつけるという意図があったという。

　当時、情報誌は「シティロード」と「ぴあ」で掲載締切に間に合わず、サインペンで手書きのポスターを制作。新宿と渋谷の電柱に人海ゲリラで貼りまくり、街にばらまいた。貼ると警察が剥がし、また貼りに行くというイタチごっこであった。

みんなが吸うから屋根裏で呼吸する限りマリファナ吸っちゃう

　ちょうどマリファナが割と流行ってたんじゃないかと思うんだけど。みんなが吸ってるから屋根裏に入ると、呼吸する限りマリファナ吸っちゃうんだね。

「それはちょっとまずい」、「じゃあ屋上を開放したらどうでしょう」ってことで、「マリファナ吸いたい人、屋上で深呼吸しながら吸ってください」と。そういう人もね、ずいぶん集まってましたよ。降りてきてまた音楽聞くっていう。

　考えてみるとね、あの地形がね。パチンコ屋の階段の次にキャバレーをすり抜けて上がるでしょう。だから狭くてね階段が。そしてキャバレーの前には呼び込みのおじいちゃんがいた。ニヤっと笑いながら「ああ上だな、上だな」「お前はこっちじゃないの」って仕切ってた。だからキャバレーかライブハウスかはおじいちゃんが決めてたんだよね。

屋根裏ができたらさ。キャバレーも急にハッスルし始めてね。初めは音もうるさくなかったのね。でも下の音が大きく聞こえてくる日があるんだ。「わあ、これは負けてられねえ」って、下は歌謡曲で上はロックだって、両方がぼんぼんぼんぼん音量を上げた。

そしたらある日、お巡りがやってきて「音がうるせえって近所のビルからクレームが出てきたから、もうちょい音を静かにしろ」っていうね。

でもまあ「下も結構大きいですよ」なんて言ってね。わーわーやってるうちに「営業許可書っていうのはあるだろう。ちょっと見せてくれ」と。ところが営業許可書って何のことだかわからないんだ、我々は。

「あ、許可書ですね。店長が外に持って行って、自分の身から離さないでいつも持ってます」って言ったら「何、ここの店長さんは営業許可書をずっと移動させてるのか」ってあきれてたよ。

オープンから2か月が経ち決算が出る。収入は支出の半分で赤字であった。原因は従業員の酒代だ。価格は原価だったが、従業員の友人らも従業員価格になり、売上にならなかった。当初1日1回夜のみの公演で、昼は練習場所のないミュージシャンに開放していたが、後に昼もライブを行うようになる。

昼のブッキングは早いもの勝ちで、名もない新人バンドが、仲間内でパーティするような雰囲気。サザンオールスターズの桑田佳祐もいた。ライブハウスの音楽性を高めるために、波田野は時にゴダイゴや、めんたんぴんをブッキングした。

へたくそなブルースが ぴりっとすごいブルース こんなに違うのかなって

そのうち僕は『ヤングミュージックショー』をNHKのスタジオで収録するようになってね。屋根裏の客に「明日、15時からスーパートランプがあるから来い」って言うわけ、ほかはアシスタント連中に渋谷駅の街頭で「ビラ配ってこい」とかね。ま、のんびりしたいい時代でしたね。

スタジオに来た外国バンド収録が終わってから「遊びに行きたい」っていうのね。ウドーなんかは六本木連れて行くけど、金かかるから「ライブハウス、屋根裏に来た方がいいよ」って言ってね。屋根裏に行くとまだミュージシャンが居残ってて楽器持ってるでしょ。すると楽器見て、「これはなんとかだ」って、演奏始めるの、自分たちだけで。そしたらさっきまでのへたくそなブルースが、もう、ぴりっとすごいいいブルースになる。ありゃあ、こんなに違うのかなって思ったけど。まあ外国バンドとのセッションの場としては良かったね。

でもテコ入れが入るんです。ビルのおばちゃんは松濤町に家があって、あちこちにパチンコ屋持ってる。金持ちだけどね。金持ちはケチだから、売上げがかなりのマイナスになったら、監視役と取締役に長田くんのお兄さんが入ってきた。

全然ロックなんか理解しない人だったから、「まず従業員価格をやめろ」「業務中に飲むのをやめろ」って、まあ当たり前のことだけどね。だんだんと普通のライブハウスに近づくっていう……。

屋根裏には波田野が持ち込んだライブビデオ（ユーマチック）があり、『ヤングミュージックショー』を始め、外国人ミュージシャンのライブを見ることができた。当時は一般レベルで録画機器を持つものは皆無、動くローリングストーンズやオーティスレディングに魅せられ、忌野清志郎も足繁く通っていた。

優秀なバンドを育てるための養成機関になればいいけど強い信念があったかどうか

当時の音楽シーンは、それぞれみんな思想は持っていたと思うんだけど、僕は外国にあったフィーリングを受け取っていた。アメリカではヒッピー時代の自由な感じ、ロンドンでは見るほうも聞く方もスイングじゃないかっていうね。

僕がその時から思っていたのは、ビートルズやローリングストーンズがグレイトだって言ったって。それはグレイトを

1972年3月20日に放送された『ヤングミュージックショー』ローリングストーンズは69年7月5日ロンドン・ハイドパークの「ブライアン・ジョーンズ追悼のフリーコンサート」をオンエアした。画像は「THE Stones in the Park」のDVD。

グレイトとわかる耳を持った大勢の若者がいるからこそグレイトだということ。猿の集団の前でローリングストーンズがやってもストーンズがグレイトにはならないからね。耳っていうか脳を持ってるっていうかな、グレートなブレインがなければ成立しない。

僕はローリングストーンズに対して不満があったのね。ミックとは何回か会って話したときは言えなかったけど。ロックという新しくできた文化っていうのは、聞く側の心の奥に隠れている、フリーダムを音楽で引き出すことだと。

みんなが共通であることをシェアする要素があるので、「ミックさん、あなたと同じように作曲はできないかもしれないけど、同じようにね、熱く感じる数千万、数百万の人がいるんだ」と言いたかった。

スターが自分の欲望を満たすために大きな家に住んだり、宝石を買ったりするのではなく別の使い方をしてこそ、ロックっていう違う文化があるっていう

ことが、はっきりしたんじゃないかって。それをストーンズ達がやらなかったのがロック文化の失敗のひとつではないかと思います。

何でもそうだけど、バンドの数が増えないと優秀なのが現れないのね。現に自分たちで何かを表現しようにも、あの時代は「うるせえ」で練習する場所がなかったからね。

屋根裏は優秀なバンドを育てるための養成機関になればいいけど、そんなに強い信念があったかどうかは分からない。心のどこかで「いつかは潰れるから遊んで、色んなバンド出しちゃおう」っていうのはあったけど、ただ一石は投じたと僕らは思ってるの。

81年ニューヨークでミックジャガーにインタビューする波田野。画像は2013年発売の「ビートレグマガジン10月号VOL.159」(レインボウブリッジ)より

当時、大きなロックの世界を肌で感じる、本場の演奏を聞けるライブハウスって屋根裏しかなかった。日本のミュージシャンや客がさ。触発されて向上していく場がね。そりゃ武道館でやっているような外国人ミュージシャンが、夜中にライブするわけだから。しかもタダでね。実際みんな聞きつけて多くの人が集まって来ましたね。本当に自由でエキサイティングでした。

世の中に知らしめるというより自分たちが遊び場を見つけて「ああ、こうか」と教わった感じ

音楽をわかるということにおいてはね。音楽に限らず芸術、あるいは文学、アートでも。理解するという意味では、日本は引けは取っていないと思うのね。だから外国との競争ではないけれど、「人間はなぜ実用性を欠いている芸能とか芸術というものを必要とするか」っていうようなことを考えてた。

それがライブハウスをやってるうちに分かってきた。人間が作ったマネーは、良い、便利なものではあるけれど、金に基本を左右されないことが、いかに楽しいかということが。

だから世の中に知らしめるというより、自分たちが遊び場を見つけてその中で「ああ、こうか」と教わった感じかな。

清志郎が屋根裏によく来てたっていうのは、彼の中にそういうものがあって、屋根裏がフリーダムな気持ちに、ぴったりだったから来やすかったんでしょうね。

今は体制に左右されない自分自身を持ってるミュージシャンがいない。見てると従順に従ってるように思えるのね。桑田が自分の発言を取り消すとかね。

外国のミュージシャン見てると、ブルース・スプリングスティーンなんかは

言いたいことは言うし、支持する政党は応援するしね。普通の人間が民主主義社会でやることをやってるわけよ。ああなるべきなのよ。

ところが日本はね。どうも芸能界はあんまりやらないんだ。これは＊音楽会のドン・石坂くんの功罪も少しはあるかもしれない。実はまだまだ若き日、石坂くんと僕には夢があったんですよ。

いつも外国から来るミュージシャンが武道館で大きな顔してね。フルーツとか酒とか喰らって、場合によっては「女世話しろ」みたいな、やりたい放題やってると。ロックにそういう部分を許容する要素はあるけど、あまりに片貿易じゃないかと。

だから「我々がいつかすごいバンドを作りあげてね。リムジンに乗って、全米を大ツアーをするっていう日が来るといいな。それを目指してやろうね」って言ってたんだ。でもそのうち、彼は「そういう夢はジョンレノンが死んだ日に諦めた」なんて言うから何のことだか分からなかったけどね（笑）。

＊石坂敬一・音楽ディレクター、東芝EMIやユニバーサルミュージック社長、CEO、会長などを歴任

「レコードコレクターズ」(ミュージックマガジン)2011年1月号より

PLOFILE
波多野紘一郎（はたのこういちろう）
1939年、鳥取県生まれ。62年、東京大学文学部社会学科卒。同年にNHKに入局。70年よりNHK第一ラジオ『若いこだま』、71年にはNHK総合テレビジョンにて『ヤングミュージックショー』を担当。音楽だけではなく、辻村ジュサブローの人形劇『新・八犬伝』マリオネットによる『人形万華鏡』なども手がけた。75年に渋谷のライブハウス「屋根裏」をプロデュース。86年にNHK－BSに移動、NHKエンタープライズを経て、2004年に退職。俳号・猫翁を持ち、沢山の猫と暮らす。著書は『猫翁句集』。

屋根裏ビデオライブラリー。

深夜の屋根裏でライブをするスーパートランプ。

シャーマンユミ

ユミの屋根裏の初仕事は金魚の世話であった。
苔で緑色に濁った水槽にはデカイヤツが住んでいた。
同居するのはチビ金魚。
ヤツは餌を奪い取り、1日中、チビを追いかけ回す。
「マジムカつく。でかいの」とユミは思った。
水槽越しに、「やめなよ」と声をかけるが聞こえるはずもない。

あるとき、怒りが爆発！
「もう死んじゃえば」と叫んだ。
その翌日、ヤツはぷかりと浮いていた。
その日からスタッフはユミに非常に優しくなったという。
ちなみにヤツは店長・長田《ながた》氏の宝物。
もとは高級金魚の代表・琉金だと思われる。

シャーマン ユミ
ドリンク¥350
・キリン
※現金のみ
パラ〜
ユミ
店で金魚を飼っていた
デカイのが毎日毎日餌を独りじめ
バクバク
ついにわたしはキレちゃって…
死ねぇ。
ガッ
ビクッ
翌日…
プカ〜
誰もユミに文句を言わなくなった
店長
STAFF
画／Tabby RECORDS

第四章

空がまた暗くなる

笑わないで聞いてくださいね。

清志郎がキングと呼ばれ、色んなバンドを作って話題を振りまき、ソロでも活躍して、ついには日本中の誰もが知っているレジェンドになったとしても、わたしにとって忌野清志郎は、いつまでも屋根裏の清志郎で、屋根裏のRCサクセションの清志郎でした。

わたしはRCファンや屋根裏関係者や、最終的には本人たちを、ひとりずつ繋げていけばRCを再結成するキッカケが出来るんじゃないかと、本気で考えていました。

だからRCの楽屋話を書いたのです。

わたしたちは歳を重ね、若い頃には見えなかった事も少しは見え、様々なことが一回りしてまた新しく始められるような、そんな空気を感じていました。あの頃の清志郎をメディアで見るたび、きっとあのバンドマンに戻りたいんだと思っていました。

わたしは昔の日記を手がかりに、その頃、流行り出したSNSでRCの思い出を書いた。すると凄まじい反響で、屋根裏時代の関係者に再会することになる。

屋根裏で絶大な人気のあった「東京おとぼけキャッツ」ダディ竹千代にも再会でき、彼のおかげで再び出会うことになった懐かしい面々や、ＳＮＳで屋根裏の話題を聞きつけて集まってくれた旧友たちと、ダディの店ＺＺで屋根裏同窓会をやらせてもらった。

ゲストには女子ロックバンド「ルシール」と「ベガース」のトビー。そして再会間もない小川銀次。ミキサーはもちろん大関。屋根裏を作った波田野も駆けつけた。

わたしは同窓会を続ける中で、ひとりずつＲＣメンバーを連れてこようと画策し、清志郎に近い人物に彼と会う機会を作ってくれるよう頼んだ。ひとまず銀次確保！　チャボさんは大丈夫、新井田さんも繋がれる、リンコさんは山奥？　Ｇ２は長野？　でも何とかなるんじゃない?!　よおーし首尾は上々。いんじゃないこの展開!!

もしかしたら本当にＲＣ再結成、夢じゃないかも！と思った時に

清志郎がいなくなってしまった。

この世界から。
いなくなってしまった。

カーラジオからスローバラード
夜露が窓をつつんで
悪い予感のかけらもないさ
ぼくら夢を見たのさ、とってもよく似た夢を

そんな歌詞が頭の中でぐるぐる回った。

＊『スロー・バラード』RCサクセション
作詞作曲：忌野清志郎、みかん
編曲：星勝、RCサクセション

カーラジオからスローバラードが…………
スローバラード
片面:やさしさ
作詞・作曲:忌野清志郎/みかん
編曲:星勝, RCサクセション
RCサクセション
●DR 3013 ●¥500
好評発売中
Polydor
ポリドールレコード
発売元/ポリドール株式会社

The last day

1980年1月、RC最後の『屋根裏4日間』を見届けてわたしも屋根裏を去った。

その6年後、1986年夏の終わりに、屋根裏がいよいよ閉店すると誰かが連絡をくれた。

「最後の祭りを朝までやる。来ない?」

でも、わたしには屋根裏はすでに過去のもので何だか敷居が高く、店長や新しい店員と肩抱きあってお疲れ様~なんて出来ないよ、と結局行くのをやめた。あの時代はもう過ぎ去ったと感じていた。

ただ、あの時に頭をかすめたこと。

RCは屋根裏最後の日に来てくれないだろうか。

もしも来てくれたなら、なんて素敵だろう! 店長の誇らしげで、うれしそうな、あの顔が浮かんだ。

そしてすぐ打ち消した。

まさか。彼らは今やスーパースター。清志郎は神らしいしね。

写真提供／
宗像和仁（The waltz,
ディファレンツ）

それから何十年も経って、ＳＮＳの屋根裏コミュに、あの最後の日の事を教えてくれた人がいた。
それはこんなエピソード。

「随分遅い時間になってから急に店内がざわついた。メイクもしない素顔の清志郎がふらりと、ふつーのオジサンみたいに入って来たんだ。清志郎と分かると店内は大騒ぎ。彼はこの日のために集まっていた屋根裏ゆかりのバンドマンたちに、ベースやれるヤツ！　ドラムやれるヤツ！　雨上がりの夜空やれるヤツ！　などと募って即席バンドをつくり、不思議な寄せ集めＲＣサクセションライブで盛りあがった」

忌野清志郎らしい、何と素敵なサプライズ。
忘れずにいてくれたんだね。
Ｙｅｓ！　Ｉｔ ｉｓ ｒｏｃｋ'ｎ'ｒｏｌｌ

◇◇◇◇◇◇◇◇

ロックの魂

屋根裏を作った波田野紘一郎や、開店当初から名だたるミュージシャンをブッキングしていた音楽評論家 増渕英紀（この人と入れ違いでわたしは店員に）。

彼らからよく聞く言葉。
「甘っちょろくないのよロックは！」
「だからサザンは昼の部」

どう解釈するかは、あなた次第。

屋根裏はロックな場所。既存の概念なんてとっぱらうスリリングな実験劇場でもあった。
そのスピリッツは、遅れてやってきたわたしにも届いていた。
なのでこの話を。

わたしが屋根裏で出会った忌野清志郎と小川銀次、よく似ていた。ふたりともシャイで話し下手で、それでいて何か生意気。〝オレ様一番！〟的な唯我独尊《ゆいがどくそん》さを持ちあわせ、そのうえ面倒なことに悪戯好きで妙に人恋しくて、知りあうとなつっこい。

PHOTO／三文役者スタッフSANA

さらに面倒なことに……どこかに必ず誰も寄せつけない「ロンリーハート」があった。

カッコよく言うと「孤高」かな。でも彼ら孤高なんて言われるより「ロンリーなハートの人」の方が気に入りそう。

似た者同士はトラブル。めちゃくちゃ相性がいいけどぶつかると大変……みたいだった。

前にも言ったけどRCと銀次は奇跡のカップリングなのだ。

でも、そのちょっとバランスを失えばサイテーになるほどのギリギリさが、ある時、音楽の神様を連れて来る。

今でも忘れられないライブの曲がある。

1979年に発売されたシングル「ステップ！」

新生RCサクセションをアピールするように、綺麗でポップでおしゃれな曲だ。

でも、あれは元々は違う。

R&B、テクノ、ファンク、プログレッシヴ、ロックンロール、ポップス……それらがギリギリのバランスで音楽になったのが屋根裏の「ステップ！」。

PHOTO／三文役者スタッフSANA

銀次がこれでもかと弾きまくって、でもそのさらに上を軽々シャウトする清志郎。そしていつかバンドも客もトランス状態にまで昇りつめ、得も言われぬナチュラルハイな世界は鳥肌が立つほどの快感。

これがわたしの知ってる、屋根裏のRCサクセション。
これがわたしの教えられた、屋根裏のロック。

Interview《インタビュー》

増渕英紀（音楽評論家・コラムニスト）

ロックの畑を耕す
種まいて芽吹かせる状況を
ライブハウスが作った

取材・神山典士／文・大竹香織／撮影・大森裕之

GSの最後も見たけど僕らフォークサウンドは聞いてない

ラジオでデビューしたのは19歳の時、まだ大学生でした。ＮＨＫのＡＭラジオ『若いこだま』で、先に渋谷陽一がＤＪやってて最初はゲストで呼ばれて、そのうち、「やってみない?」って。それで引き受けるんだけど、波田野さんがディレクターで、「呑みながらしゃべれば」なんて、だるま（サントリーオールド）なんか置いていくわけですよ。こっちはしめしめと思いながら、ラジオで話をしてた。週1回のレギュラーで音楽は何かけてもいい。夜9時とか10時からでゴールデンタイムではなかったと思います。

羽田野さんの所属はＮＨＫの青少年部ってとこで胡散臭いなと思ってたけどね（笑）。そしたらしばらく経ってからだけど、ある日突然、「ライブハウス作ったんだよ」って。僕がラジオで音楽を紹

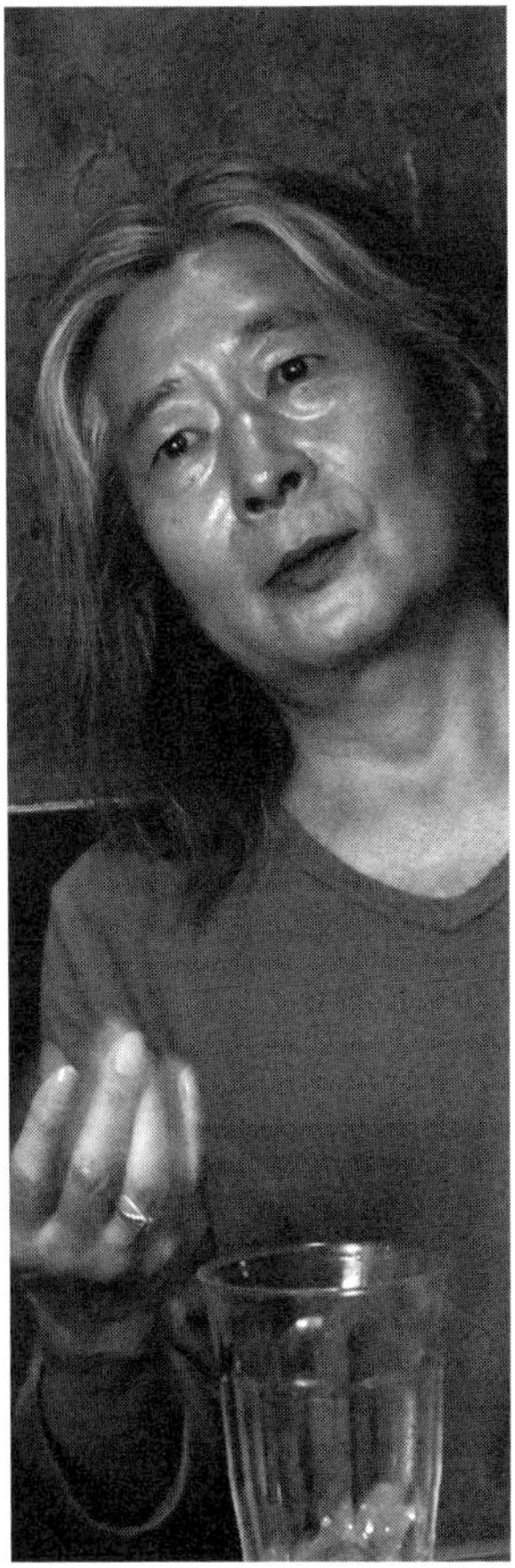

介するのを聞いて、日本のミュージシャンほとんと知ってると思ったんでしょう。「悪いけど、ブッキングやってくれないかな」と言われたんです。

ブッキングを始めてから、屋根裏に出演しているアーティストの音源をよくオンエアしましたね。当時、日本のロックでレコード出しているアーティストは少なくて、四人囃子とか頭脳警察、めんたんぴん、上田正樹とサウス・トゥ・サウスなど数えるくらいしかなかった。70年代の初頭はGSの最後も見ていましたけど、後の過度期に登場したファーラウトとかM（エム）、トゥー・マッチとかは見たけど、フォークは、ほとんど見ていないし聞いてない。

波田野さんは東大出っていうのがすごいコンプレックスだったんですよ。とにかくアウトロー的なことをやらないと自分の立つ瀬がないと思ってるわけね。髪を伸ばしたりして。それが彼にとっての立脚点なわけですよ。世間から見ると堕落しているみたいなディレクターになりたかったんだと思う。

だから「がんばってるな」と思って、やっぱりそれを「応援しないと」と思ってね。

泥臭い汚い連中ばっかりで そういう連中に いい状態で演奏させたい

ラジオのパーソナリティをやり始めたのがきっかけで「ミュージックライフ」と「音楽専科」からオファーがあって、原稿を書くようになるんだけど、屋根裏のブッキングはそんなに大変ではなかった。ミュージシャン関係、みんな仲がよかったからね。頭脳警察からめんたんぴん、サウス・トゥ・サウスなど片っ端から知っている連中を組んでいった。

当時、新宿ロフトはあったけど、フランチャイズみたいな感じだったでしょ。荻窪があって西荻があって、新宿があるわけだから。社長の平野悠さんはよく知っているけど、現場のスタッフは店が有名なだけにちょっとお高くとまっているところがあったからね。何せロフトは有名だから、みんな出たがっていたし。ニューミュージック系のアーティストとか、フォーク系でバックバンドがついたような知名度の高いアーティストが出てたわけですよ。

　どっちかというと、屋根裏は泥臭い汚い連中ばっかりで、そういう連中になるべくいい状態で演奏させたいなっていうのがあった。屋根裏はちゃんとリハーサルもやらせたよ。バランス見ながらね。出音のバランスだけ見てリハなしっていう店も多かったけど、うちは時間を取ってやってたね。

　本当は屋根が低い箱だと音が悪いんだけど、屋根裏は全部が木張りで音を吸ってくれて反響が少なかったから天井が低い割には良い音だったんだよね。ライブハウスは自然回帰でナチュラルなものがウケてた時代で、クロコダイルのガラスの鏡張りなんかはさ、「それって反響するし」みたいな感じで白い目で見てたところがあった。

　渋谷には屋根裏のようなライブハウスがなかったから、オープンしたら雑誌に紹介されてアーティスト側からの「出させてくれ」っていう売り込みも多かった。バンド側からリクエストが来るのでスケジュールに穴を開けたことはなかったですね。いつもほぼスケジュールは満杯になっていたと思います。

　ブッキングではギャラなんてなかった。マネージャーみたいな大げさなものじゃなくて、ひとりで好きにやってる感じだから。金が出ないなら、せいぜいただ酒でも飲ましてもらおうかと……。

　それから、僕の行きつけの店が下北沢のロック・ハウス「ぐ」だったんだけど、店で知りあったミュージシャンをどんどん屋根裏に送りこんだ。ロックハウスの飲み屋だから、ミュージシャンのお客さんも多かった。カルメン・マキや金子マリ、サウス・トゥ・サウス、めんたんぴん、ボブズ・フィッシュ・マーケット、ミネソタ・ファッツ、夕焼け楽団のメンバー、当時センチメンタル・シティ・ロマンスのマネージメントを手掛けていた福岡風太とかも飲みに来てた。ほかにも野澤享司、豊島たづみ、古田勘一、南正人、オレンジ・カウンティ・ブラザーズ、子供ばんどの前身だったサンダーキッズ時代のうじきつよしとかね。

　おかげで、ブッキングが楽だったっていうのもありますね。店で飲んでいるけれども、すぐブッキングや取材の話にもなるし、互いに知ってるライヴハウスの情報を交換して、それを繋げて「ツアーに行こうぜ」みたいな話にもなった。

　僕はメジャーのフォークにはあまり興味がなかった。だからアクの強い「何だこいつは？」みたいなのを屋根裏には出

福原武志氏との共著。「日本のロック」ディスク・コレクション（シンコーミュージック）。増渕は監修も。

してたね。裸のラリーズも出演したし、アシッド・セブンも……そのうち夜だけではブッキングに入り切らなくなって、ちょっと動員が少ないバンドや新人アーティストを昼に入れた。最初の頃、昼の部には浜田省吾やサザンもいたね。

屋根裏とは別に自分でブッキングして自分で乗り込んでた

僕、当時ヤマハのロック・コンテストで審査員やってて、関東地区の「イーストウエスト」からは、サザンオールスターズ、シャネルズ、カシオペアが登場して、サザンの桑田を最優秀ヴォーカリスト賞に選んだ記憶がある。78年くらいだったかな。関西の「8・8・ロック・デイ」からはアイドル・ワイルド・サウス、ツイスト、花伸、サザン・クロス、ブラッド・ショットが登場して、名古屋の「ミッドランド」からは野獣、九州の「Lモーション」では、後にルースターズになる人間クラブやロッカーズが出てくる。北陸には「ロックフュージョン」があって、北海道の「ステージフライト」では安全地帯がグランプリだったね。当時、ポプコンで拾い切れないから、ロック系には別のコンテストがあった。でもみんな食えないから、たいたいバイトしてた。昼バイトしていてライブの日は休んだりしてね。

だから、みんな金はなかったね。サウス・トゥ・サウスとかウエストロード・ブルース・バンドにしたって、メンバー全員で楽器車に乗ってくるわけですよ。高速道路なんて使わずに下（一般道）で来るんです。九州から北陸から、みんな下。めんたんぴんは小松だから、八号線通って、あれは多分九頭竜だとか飛騨高山抜けて来るわけですよ。で、碓氷峠超えて。もしくは米原の辺、関ケ原あたりまで。宿泊だって楽器車に寝るか、友達の家でしょう。

屋根裏とは別に、自分でブッキングして自分で乗り込んでたから、バンドが、どういう感じでツアーしてるか良く分かって、それを体感出来て楽しかった記憶がある。

屋根裏に出ていた頭脳警察とかカルメン・マキ&OZ、四人囃子なんかは、分かりにくいんですけど当時のメジャーです。ほとんどみんなレコードを出してい

増渕英紀、1952年生まれ。幼少期には昭和30年代の歌謡曲を聴いて育つ。ラジオから流れるビートルズやストーンズなど洋楽ロックに魅せられ、ビルボードやキャッシュ・ボックスなど全米チャートほか国内チャートにも目を向けた。

大学在学中、六本木のレコード・コンサートにて、音楽の選曲と解説が認められ深夜生番組『ヤング・シグナル80（FM東京）』のパーソナリティに起用される。同時に「ミュージック・ライフ」「音楽専科」「ローリング・ストーン・ジャパン」などで執筆。ライナー・ノーツ原稿などを書き始める。さらに76年～80年には、NHK『若いこだま』や『サウンド・ストリート』で選曲、構成、パーソナリティを務めた。

ない中でレコードデビューしてたわけだから。75年は、日本にはロック専門レーベルがまだ出来ていない。

テイチクの「ブラック・レーベル」や徳間の「バーボン・レコード」、ビクターの「フライング・ドッグ」、フォノグラムの「ニュー・モーニング」などが作られて、ロック系アーティストがレコードを出すようになるのは76年からです。75年の頃はまだロックの受け皿はなかった。

増渕が「奇蹟のコラボ！話題騒然のユニット、もうこれ以上はない」という最強ユニット、「バクライ」（日倉士歳朗・坂下秀実）をオーガナイズ。日倉士とのツーショット。

ニューミュージックっていうかフォーク系はURCとかベルウッドがあったけど、ロック系っていうのはレコードを出しようがない。つまりライブハウスで有名だったら、僕らにとってはもうメジャーなわけです。音楽全体の流れでのメジャーっていうのではなくね。

屋根裏のキャパは100とか150でしょう。夜の部に出る連中ってのは、当時ライブハウスシーンでのメジャーです。受け皿が整ってくると、彼らが少しずつレコードを出すようになる。ミュージシャンはライブで広めて客を集めないと生活できないからね。そういう意味では、ライブハウスがロックの一番ベーシックな部分を作っていった。

2014年、有山じゅんじ(ex サウス・トゥ・サウス) と山岸潤史(ex ウエストロード・ブルースバンド) によるユニット「有山岸」インタビュー後のショット。上田正樹をはじめ、旧知のミュージシャン仲間と。

少しづつ日本のロック専門レーベルが出来て、屋根裏を満杯にしていたアーティストはもうベーシックができているから、出すとある程度は売れるわけです。とはいえ5千枚程度だけどね。ロックの畑を耕す……整地をして、掘り返して、種まいて芽吹かせる状況をライブハウスが作った感じがする。

セッションっていうよりも飲みまくり 友川カズキは毎日いる

75年の頃、RCはまだ三人組のフォークグループだったんですね。確か売り込みがあったんですよ。最初は昼だったかな。でも詩が一際面白くて独自の世界観を持ってた。東芝からデビューした時からすごいなとは思ってたけど、本当に客が入らなかったからね。他に詩の力があったのは、あがた森魚かな。

1回も出てくれなかったのは浅川マキ。マキおばさんは、ライブをよく見にきて、「あんた飲もうか」って一緒に屋根裏で飲んでたこともあるけど。「あたしの感じじゃないんじゃない」と断られた。言われてみると確かに屋根裏は、そういう雰囲気じゃあなかったからね。ちょっとジャズの雰囲気でさ。あの声と歌いまわし、個性的だったしね。ギターの荻原信義もすごかったから出て欲しかったけど。

それから子供ばんどはハチャメチャだったから印象に残ってます。うじきがさ、小さいアンプを頭にくっつけてやってたからね。僕、彼らが高校生の頃から知っているんですよ。めんたんぴんのファンでね、当時はまだサンダーキッズっていう名前のグループだった。

あとは終わってからみんなで、飲み会だね、スタッフ料金があるけど、そんなに高いわけじゃない。確か半額くらいじゃなかったかな。ビール250円か300円くらいで飲めたのかな。出演したミュージシャンは従業員価格で飲めるから、セッションっていうよりも、飲みまくりが多かったんじゃないかな。酒を安くしてたから、友川カズキとか毎日来ていたからね。ライブが終わる頃になると必ず来るんですよ。それで飲んでるわけ。

屋根裏を宿泊施設にしたわけではないけど、みんな勝手に寝てましたよ。腹が減ったら厨房に友達入れて焼きそば作らせたりね。ま、適当に作ってるから、

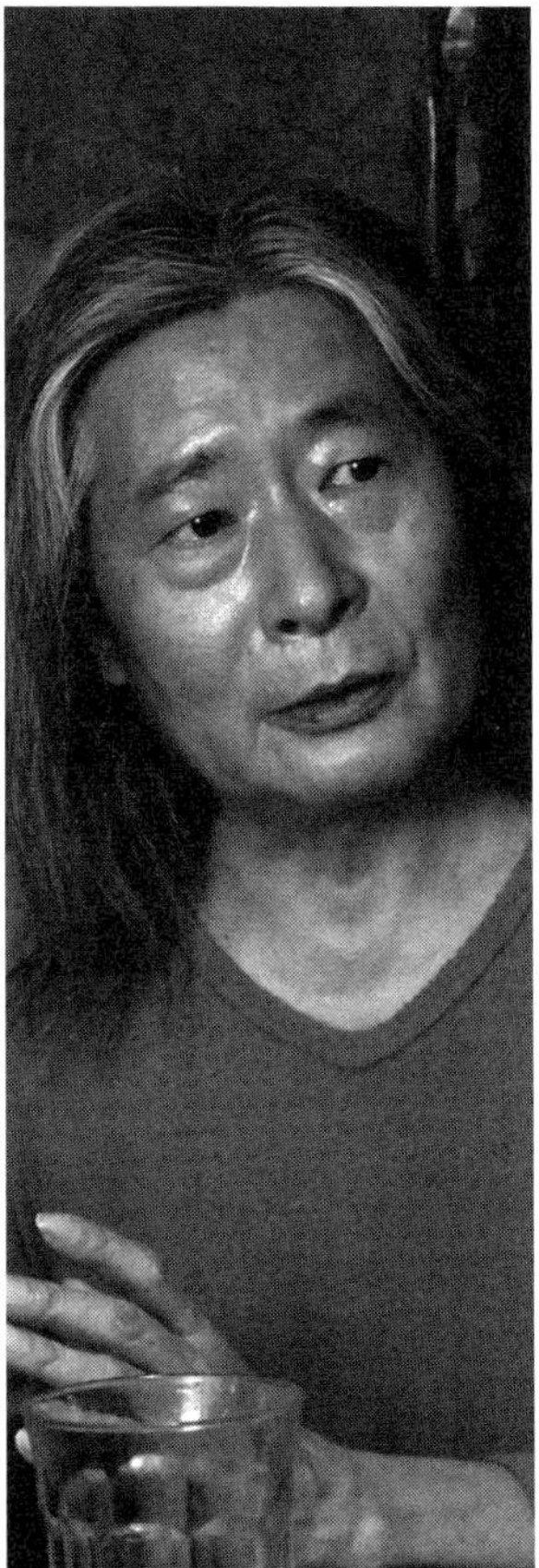

そんなにうまいわけじゃないけど。終わったあとの流れで、「泊まっていい？」みたいなんじゃなくて、もう起きないっていう感じで。僕らも「留守番しているやつがいるからいいか」って、鍵かけないで帰る。

不用心だけど、ＪＢＬのいいスピーカー機材なんかを盗まれたことはなかったね。だけど当時は誰も機材に、そんな価値があるって思ってないわけ。あれから時間が経って「あれは貴重だね」って話になるけど、リアルタイムだから別にどうってことはなかった。

ロンドンから下の階段通りまで列ができる しょっちゅう文句言われてた

夜さ、たくさん客入れるアーティストが出演するとね、開演前に階下にあるキャバレーロンドンから下の階段、下手すると通りまで列ができるわけですね。

キャバレーにはかわいい姉ちゃんいたし結構愛想よくて悪い感じはなかったんだけど、行列はロンドンの前を通らないと行けないわけだから。兄ちゃんは経営者側だから「こんなところに並ばれたら困るんだよ」って。

長髪の連中がさ、階段にずらっといるわけで、サラリーマン客が階段上がってロンドンに入るっていうのは結構勇気がいりますよね。「お前ロンドンかい」ってみんな見るわけだからさ。もちろん騒音もあるけど。終わったら機材をまた降ろすじゃないですか。それもまだロンドンが営業やっているときだからね。何かしょっちゅう文句言われてた。

階段といえば、持ち込みのキーボードがあると地獄になるわけですよ。手伝わないといけないから。だってくそ重いんだから。ハモンドのB3とか持ってくるヤツいるんだから「バカか、お前は?」みたいな。ほかには避難用に避難用ロープ設置したけど、全然意味をなしてなかったな。縄梯子がロープ途中までしかなくて長さが足りないの。2階くらいからは飛び降りるしかない。

それから波多野さんがプロデューサーだった関係で彼が手掛けた『ヤングミュージックショー』のシカゴとかオールマン・ブラザース・バンドとか、貴重なフィルムが店で流れてたね。当時、ミック・ジャガーなんかは出回っていてスター・アーティストは、動く映像も色んなところで撮られているんだけど、オールマンはスターには違いないけど地味だったから、見たくてもなかなか見れないものがあったからね。そんなのが見れたっていうのも良い思い出かな。

増渕は1990年～92年、東急文化村「東急ファン」の契約プロデューサーとなる。2010年、ユーキャンより販売さ

2016年に発売された、ゆげみわこ『うたひあそび。』(FUTUTUKA RECORD)、
朝崎郁恵『南ぬ風(ふぇぃぬぶるーす)』(WESS Records)。
ともに増渕がプロデュースしている。

れた日本ブルース&ロック大全』(CD10枚組BOXセット)の監修、選曲、解説、などのディレクションを担当。

2013年ゆげみわこの『こはくうたひ。』、2016年2作目の『うたひあそび。』のアルバムをプロデュース。同年、朝崎郁恵の『南ぬ風(ふぇいぬぶるーす)』をプロデュース。

現在は、東京、札幌、旭川、金沢、横浜など、各地で定期的にトークショーを行い、日本を代表するスライド・ギターの名手、日倉士歳朗と、四人囃子のキーボーディストの坂下秀実からなる新ユニット〝バクライ〟結成をオーガナイズするなど、精力的に音楽へ情熱を傾けている。

儲かるためじゃなくて
儲からなくても
自分の興味があることを

屋根裏を2年で辞めたのは書く方が忙しくなったのと、アメリカ取材に行きたかったから。ライブハウスに縛りつけられると出来ないわけですからね。屋根裏ばっかりやっていると、そんな機会もなく終わっちゃうよね。

当時は海外取材の場合に、レコード会社とか雑誌社からは金が出ない。だからあくまでもそれを記事にして金にしていくしかないわけですよ。経費も含めて、自費で行くわけだから、アメリカなんかに行くのでも、よく使っていたのは、時間がかかるけどめちゃくちゃ安いアンカレッジ経由の「エア・サイアム」とかね。

とりあえず行って、インタビューしないと話にならないので、海外でめちゃくちゃ見まくる。たとえば、当時、グレイハウンドは15日間乗り放題で90ドル、それで南部から中西部まで行ったりね。

それって現代の駅馬車のようなもので、富裕層はバスなんかに乗らないから、逆にアメリカ社会の底辺みたいなものが垣間見れて良かったかなと。振り返って見ると、僕は儲かるためにどうこうするんじゃなくて、儲からなくても自分の興味があることしかやって来なかった気がしますね。

今は活字文化自体が廃れているから、仕事はどんどん減っているわけですよ。「FMファン」とか何十年も仕事をしていた雑誌がどんどん廃刊になっていって、俺食うとこないじゃんみたいな。「音楽専科」も廃刊になって、終わっちゃったから書く余地がない。「ミュージックライフ」もなくなっちゃった。40年やってた「月刊ステレオ」は活字文化の衰退で月一連載が隔月になったりね。最高時は多分連載を10誌くらいやってたかな。

僕が辞めて「屋根裏」がクローズして、下北沢で「屋根裏」って名前を勝手に使われたんじゃない? 渋谷にも別の屋根裏が出来るけど関係ない。こっちは登録しているわけではないけど、「道義的にどうなの?」って思ったよね。それらのライブハウスは同じ名前でも、全く別物になっちゃったから。

今思えば屋根裏って、しっちゃかめっちゃかだったけど良かったかなっていう空間でした。あれが縁で単発の企画ブッキングを頼まれるんだ。そのあとは東急文化村の契約プロデューサーもやった。でも屋根裏とは全然違う、お金が出るからね。でもね。どっちも面白いですよ。やっぱり好きじゃなきゃできない。

「日本ロック&ブルース大全」（ユーキャン）監修、選曲、インタビュー取材、編集、著作を増渕が担当。CD 10 枚組コレクション、全 150 曲収録。

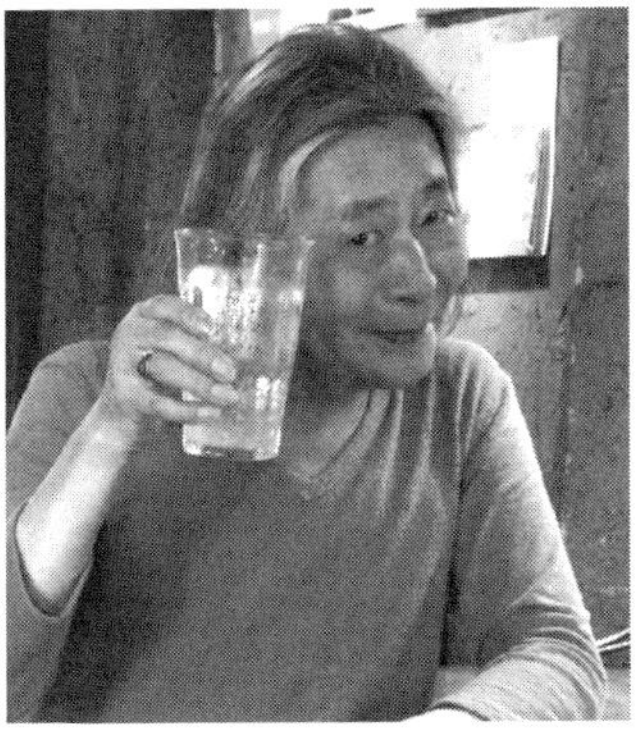

PLOFILE
増渕英紀（ますぶちひでき）
1952 年1月 29 日生まれ、東京出身。
音楽評論家でコラムニスト、さらにラジオパーソナリティ、プロデュサーとして、日本の音楽を支える。2005 年の愛知万博「愛・地球博」では“奄美プロジェクト”ブースを構え、出演者 400 人という巨大イベントも成功させた。マイナー無名に関わらず、増渕センスで音楽の選曲解説を行う、対面トークショーが好評である。著書は「日本ロック&ブルース大全」ＣＤ１０枚組コレクション・全１５０曲収録（ユーキャン)、「日本のロック」(シンコーミュージック)、「ウエスト・コースト・ロック」(シンコーミュージック)、「日本でロックが熱かったころ」（青弓社）。

まさかの縄ばしご

屋根裏に消防検査の立ち入りがあった。
非常口がなく注意を受けた。
急遽、ステージ下手（客席から見て左側）のステージ奥に設置。
創業メンバーの波田野さんが「穴を開けた」という。

通常の扉の1／3くらいの小さなドアであった。
ユミは外側がどうなっているのか気になった。
ある日、扉を開けると。

そこはビルの断崖絶壁。

2本のロープが風に揺れていた。

「大丈夫なんですか？ 避難ばしごもなく」

「何とかなるだろーっ」

絶対、何とかならないとユミは思った。

画／Tabby RECORDS

No.

Date

なにかをやりたくて

根拠のない自信だけで

あがいているようだ

そんな奴に少しだけ

そう。少しだけ力になれる場所

佐々木克己

写真提供・撮影／飛木恒一郎、宇佐美卓哉、
藤井康一（ウシャコダ）、三文役者スタッフ SANA、山屋徹（H-men）、大酒あおり（FEAZE）

キヨシローに捧ぐ

清志郎の一周忌のあの日、ダディ竹千代の店ZZで追悼会をやった。

全国からファンが集まり、濃密でパワフルで、そして温かい、そんな忘れられない時間になった。

「来る人も来られない人も清志郎にメッセージをください。当日読ませていただきます、あなたの言葉」

心を揺さぶられるメッセージがバンバン送られて来た。


そしてあの時、小川銀次と交わした電話。

ユミ　「一周忌に『キヨシローに捧ぐ』やる、ダディの店で。だからメッセージを」
銀次　「そうゆうの苦手だなあ（笑）」
ユミ　「清志郎生きているとして、RC再結成するとなって……そしたら銀次くんもやってた?」
銀次　「……そうだな、うん。でも俺死んだらRCのギタリストって言われるんだろうな……」
ユミ　「そうかもね」
銀次　「じゃあ俺のやってきた音楽って、なんだったんだよーなんてさ、なるじゃん」

PHOTO ／三文役者スタッフ SANA

ユミ「そう……かもね」
銀次「まっ、いっか（笑）」
ユミ「……うん（笑）」

苦手だというメールでメッセージが送られてきた。
銀次らしい。そのまんま読めないよ。
でもなんて素直なメッセージ。
頑《かたく》ななロンリーハートが、少し溶けたような。

> オレが辞めてからのRCは、観ても聴いてもいませんが、TVで観て、雨上がりの夜空にが、流れた時は!!!!　流石に!!!!　泣きました!!!!!
> その後、数日間!!!　屋外でギターを弾いていると!!　ふと?　RCの曲をつま弾いたりしていました。
> 当時の事を想い出しながら!!!

もうちょい読みやすく書いてよね。

まさかこのあと、銀次までいなくなると思わなかった。

光のあたる場所

どこかの清志郎追悼文で、春日さんが言った言葉。

「キヨシローは橋を渡ったんだよ」

そうか、あれはメジャーになるための橋？

それとも……。


橋を渡って大勢の人に新しい音を届け、ロックの王様と呼ばれた清志郎。

橋を渡らずストイックにギターを極めて、天才だ仙人だと言われた銀次。

よく似ていたあなたたちは、今頃どこかで再会しているのでしょうか。


そうそう、彼らを結びつけていたのはチャボだった。

あの奇跡のカップリングは彼なしではできなかったのだ。


楽屋話の最後はこの手紙で終わりにしよう。

一周忌「キヨシローに捧ぐ」にいただいたチャボのメッセージ。

わたしも、あの時集まった誰もがチャボの手紙に、言いようのない哀しみが少しだけ癒《い》えるような気がした。

ありがとうチャボ。心から。

前略　池畑様

〝コミュ〟読ませてもらいました…いやあとてもとてもたくさんの感慨でいっぱいになりました。いっきに読みました。

当時の「屋根裏の景色」やムード、…僕等のことetc・たくさんのことが……。

そして池畑さんはじめ当時のスタッフの方たちの今まで知らなかったエピソードも読ませてもらいました。……そうですか…キヨシローくんも　きっとこれ読んだとき、たくさんの想いがあふれたと思います……。うん、本当に屋根裏はNEW・RC・SUCのスタート地点といった意味合いの場所でした。

試行錯誤しながら、新しいSoundや楽曲、メンバーetcを探してゆくなかで、少しずつ、それが見つかり出してゆくといった過程の…僕らの「太陽の季節」でした。

あのスペース…あの空気感…店員の方達（池畑さんもいたんですね）。…そして、うん、あの階段ね…ロンドンね（笑）。

なつかしい景色がいっぱいです。あのにおい……渋谷の街のあの香り……。

時代は1970年代~80年代の入り口ですねー。
僕もキヨシローくんも30代へ突入!! なんて日々でした。
毎日が「新しい日」でありました。

そっか…銀次くんね。うん、銀次くんとの屋根裏の日々もとてもなつかしいデス。彼はあの日々のNEW-RCのとても意義ある存在で、素晴らしいplayをしてくれました。
それに僕はなんだか彼と気も合って、よく話して笑って…Beerも飲みました。彼のあの笑顔は……とても良かったなぁ。

本当に……2009年…キヨシローくんの悲報は……今、現在に至ってもまだ実感がもてません……ちゃんと受けとめねばと思うのでありますが……です……。ふと、彼が現れそうな……あってしまいます……とてもさみしいデス。

早いですね。もう1年12になりますね。ものすごく長ーい時間経ってしまった気もする複雑な「時間の流れ」の感じもあるのですが……やっぱり…… もう一年…ですね。…。

残念ながら「清志郎を想う夜」には参加できませんが…どう

ぞ、銀次くんはじめ、みなさんによろしくね。
うわぁダディ竹千代、ｙｅａｒ！ よく彼等と一緒になったな、おとぼけキャッツ、楽しくて、Ｒｏｃｋなｓｔａｇｅをやってなぁ…。

ありがとう!! 元気でね…!!

★屋根裏でＬｉｖｅがやれたあと、
あの階段をかけ下りて渋谷の町へ飛び出して帰る……
その気分はサイコーでした…忘れない…

２０１０・４ 仲井戸麗市

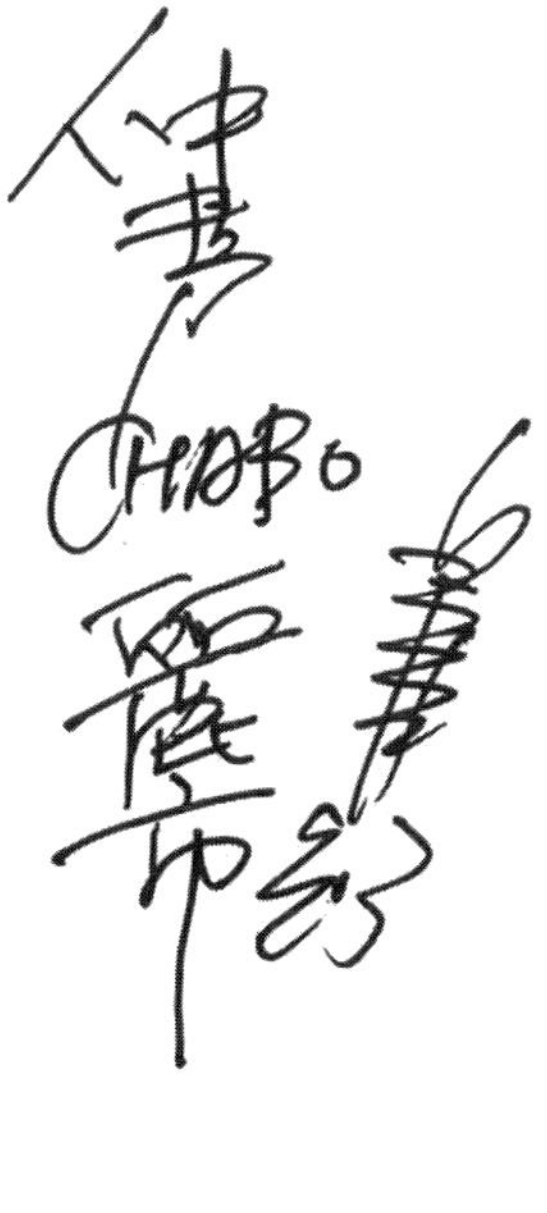

モノクロームの夢

毎日のように通ったセンター街の屋根裏。

もう顔なじみになった黒服の兄ちゃんが日課みたいに声をかける。「こっちの方が給料高いよ〜♪」わたしも日課のように「そのうちネ！」と返しながら、急な階段を駆けあがる。息を切らしてやっと到着、ドアの鍵を開ける。真っ暗な店内は昨夜のライブの余韻が少しだけ残っているような、あの独特の匂い。

さあ今日も1日が始まる。

RC楽屋話はわたしが屋根裏店員だった、たった2年間のこと。RCのメンバーとプライベートにお友達だったわけではない。彼らの私生活のことなんて全く知らない。でも屋根裏で起こった出来事なら書ける。書いておきたいと思った。RC大好きなみんなにわたしと同じ記憶を持ってもらいたいと思った。

こんなに時は過ぎて今はもう、あの場所はなく、RCサクセションもいないけれど、目を閉じるとあの景色が今でもはっきりと見えてくる。

でもそれはいつも懐かしい白黒映画のようで、もしかしたらあの場所を美化しすぎかなと思ったりもする。

PHOTO ／三文役者スタッフ SANA

それでもやっぱり、あの小さなユートピアを、わたしはいつまでも愛してやまないのだ。

忌野清志郎と最後に会ったのはいつだったろう。

久保講堂だったろうか。すでに注目度抜群のRCの楽屋は大勢の関係者であふれかえっていた。

わたしは初めて屋根裏に入った時と同じように少し気後れして楽屋の隅っこに立ち、人の真ん中にいる清志郎を遠くから見ていた。と、急に清志郎と目があい、こっちへ来てと合図がくる。一体何だろうと行くと

「屋根裏のお姉さん、化粧これでいい?」と言う。

いいも何も、化粧は完ぺきだった。私のつたない、あの日の化粧なんかよりずっとずっと。

でもその言葉がうれしかった。あなたらしいね。

だからわたしは、「うん、ここんとこもっとね」と試供品ではない少し高級なアイシャドウを、彼の瞼に指で何重にもなじませた。

あのシャドーの色は何色だったろうか。

塗り終わって「上等です」と言ったら、彼はありがとうと、いつものように伏し目がちに笑った。

Epilogue

2020 渋谷道玄坂、夜明け前

生まれてはじめてクラブへ行った。

そこはかつてわたしが泳ぎ回った渋谷。昔ラブホテルしかなかった円山町には、今や渋谷カルチャー発信源のクラブがいくつもある。庭だと思っていた渋谷の街が今や未知の街になりつつあった。

特に裏通りは様変わりしていて、わたしは迷い彷徨《さまよ》いながらやっとのことでそのクラブを捜し当てたのだけど……入口に立つあの黒服より恐いタイソンみたいな大男に「ストップ!」と塞《ふさ》がれた。

IDだチケットだディスカウントだと、矢継《やつ》ぎ早《ばや》に英語で言われてアタフタしているうちにだんだんと気後れしてきて、一向に入れないクラブのドアを見てため息ついた。

ふとわたしは、あのとき屋根裏の階段の前でため息をついて帰って行った母みたいなのだろうかと思った。

――ううん。帰らないよ。

ドアをふさぐSPに日本語丸出しで言ってみる。

「ヘイボーイ! あの人のＤＪ聴きたいの、ＯＫ?!」

「ＯＨ! ＯＫ! ドーゾドーゾ」

何だ簡単だった。

メインステージでは、放たれる色とりどりのレーザーの中、ハイテンションの若者たちがフロアを埋め尽くしている。

メインとは別のフロアにも、テイストの違う濃密なＤＪブースがあって、客はそれぞれ思い思いの場所で自分の好きなＤＪの作り出す音楽と一体になって楽しんでいる。

有名無名は関係ない。好きなものが好きなのだという自由さ。それは知らない同士の連帯感にも似たものになり、いつしかそのクラブにいる全員が共感する時空ができる。音楽はみんなが心を裸にできる唯一の場所なんだ。

久しぶりの快感。

この空気を心地よいと感じる自分に今さらながら驚く。いくら時が過ぎても、このヤケドするような匂いは好きだ。

ばかみたいに無防備にはしゃぐ若者たちと乾杯しながら、遥か遠くに過ぎ去った「渋谷屋根裏」という場所のことを思い出していた。

ステージの光の中のＤＪも、最前列で踊る少女も、カウンターで働くあの青年も、みんなそれぞれの人生を一生懸命生きている。そんな当たり前のことがなぜか愛おしい。

屋根裏よりもっと自由なところに行けるといいね。

時は容赦なく過ぎ去る。

いつか情熱は薄れ本気だと思っていたものさえ揺らぎ、愛さえ友情さえ疑い始めたりする日が来るかもしれない。

でもそんな時、振り返る場所があるといい。

不完全でも失敗だらけでも、たとえ誰にも理解されなくても。

そこは、ちゃんと前を向き真剣に生きようとしていた自分がいた場所であって欲しい。

そのことがいつも自分を勇気づけ、どんな時も情熱と希望を忘れちゃいけないよと、あの日の自分が言ってくれるから。


わたしのお目当てのＤＪが始まった。

ミラーボールがくるくる回り、色とりどりの光がまるで走馬灯のようにフロアを照らす。

あ、キャバレーロンドンみたい。

ライブは終わり、まだまだ帰りたくない若者たちの喧騒《けんそう》を残して店を出た。

何十年かぶりの夜明けの渋谷。

ゴミ置き場のカラスの群れも、何だか懐かしい。

長時間立ち続けていたわたしの足は限界だよと悲鳴をあげていたけれど、まだ耳に残るリズムを刻みながら、朝の匂いのする道玄坂を、わたしは、ひとり、スキップした。

PHOTO / hasriq（感じたこと、思ったことノート）

追悼 佐々木克己

「克己のこと」

ノーベル賞受賞者も輩出した県立の男子校で、僕らは出会うことになったのだが、1978年の高校生には、仲間をファーストネームで呼び合うようなシャレた習慣は、まだ根づいていなかった。だから、石川は石川で、神山はあくまでも神山だった。ところが、偶然、僕らのクラスには佐々木が3人いた。そのせいで、彼ら3人は、克己、清勝、孝夫と、名前で呼ばれることになる。ちなみに、クラスには原もふたりいたが、ひとりがやたらネチネチした人間で、彼はネチ原となって区別がついたので、ファーストネームで呼ばれたのは、結局、この3人だけだった。

それから四十数年、僕らにとって克己は克己であり続け、僕にも、克己のことを佐々木と呼んだ記憶はない。こうして、最初からファーストネームで呼ばれるフレンドリーな存在として僕らの前に登場した克己は、実際にも、実に人当たりの良いフレンドリーな性格で、その呼び名を裏切ることはなかった。

僕らのクラス、3年D組には、生徒会長と副会長、文化祭実行委員長、放送委員長がいて、雰囲気はちょっとした梁山泊《りょうざんぱく》だった。勉学以外の、校内行事のすべては、3Dを中心に回り、そのなかで、克己は、『坂の上の雲』の秋山真之のように、必要となる事項を的確に読み出し、アレンジし、無理なくメニュー化してみせる名参謀ぶりを発揮した。

それは高校時代だけではない。早稲田に入学して舞台美術研究会で活躍した彼は、『大隈裏　1967〜1989早大演劇研究会と舞台美術研究会の22年（演劇ぶっく社）』を企画し、曲者ぞろいの早稲田の演劇関係者を相手に、原稿を集め、座談会を成功させ、見事に一冊の本にまとめあげてみせた。

大学卒業後に奉職した練馬区役所でも、順調にキャリアを伸ばすどころか、区職員初の国内留学生となり、都立大の大学院で都市行政の修士号を取得。歴代練馬区長は、困ったことがあるとみな、「佐々木を呼べ!」と叫んだと聞いている。「克己に任しておけば間違いない」というのが、衆目の一致するところだった。

さて、時間を少し戻そう。克己と僕は一年間浪人しているのだが、高校の卒業式の日に、克己が「あんた、全部、落ちたろう?」と、予備校のパンプを持って来てくれ、彼の勧めるまま僕らは同じ予備校に通うことになった。授業はかなり積極的に聞き逃し、僕らはよく映画を見に行った。早稲田松竹よりは、高田馬場の西友下にあった映画館「パール座」の方が好みだった。まあ、そちらの方が予備校に近かったということもある。

初春のある日。浪人を終え、それぞれの進路が決まった頃のことだ。僕は珍しくひとりで西友下の映画館にフラリと入り、相米慎二のデビュー作『跳んだカップル』を見た。恐ろしいほど

の感銘を受けた僕は、それが日本映画の巨匠となる相米慎二のなせる業だとは気づかず、そのすべてが主演の薬師丸ひろ子の魅力によるものだと思った。あまりの衝撃に、とても黙っていることはできず、僕は克己にかなり長い手紙を書いた。一本の映画にこれほど心を動かされたことはないとか、薬師丸ひろ子は真のミューズであるとか、何とか。何日かして、返事が来た。それは封書ではなく、小包だった。何だろう。入っていたのは、出たばかりの薬師丸ひろ子の写真集『ひとりぼっちの空間飛行』で、短い手紙が添えてあった。

「あの手紙を読んで、これを送らないわけにはいかないだろ」

写真集の定価は1800円。確かパール座は二本立てで学割500円だったはずだから、学生にとって決して安い買い物ではない。僕は、本当に唖然としてしまい、何のお返しもしないどころか、礼すらロクに言わなかった気がする。

克己は、そうしたニクイまでに気の利いた心配りの出来る、稀有な人間だった。彼の抜群のフットワークのおかげで、僕は、全盛期のつかこうへいの芝居や駒場小劇場の夢の遊眠社の公演を見ることができた。東京の広大な文化フィールドを前に、彼は僕にとって、最も頼れる戦友であり、先達だった。

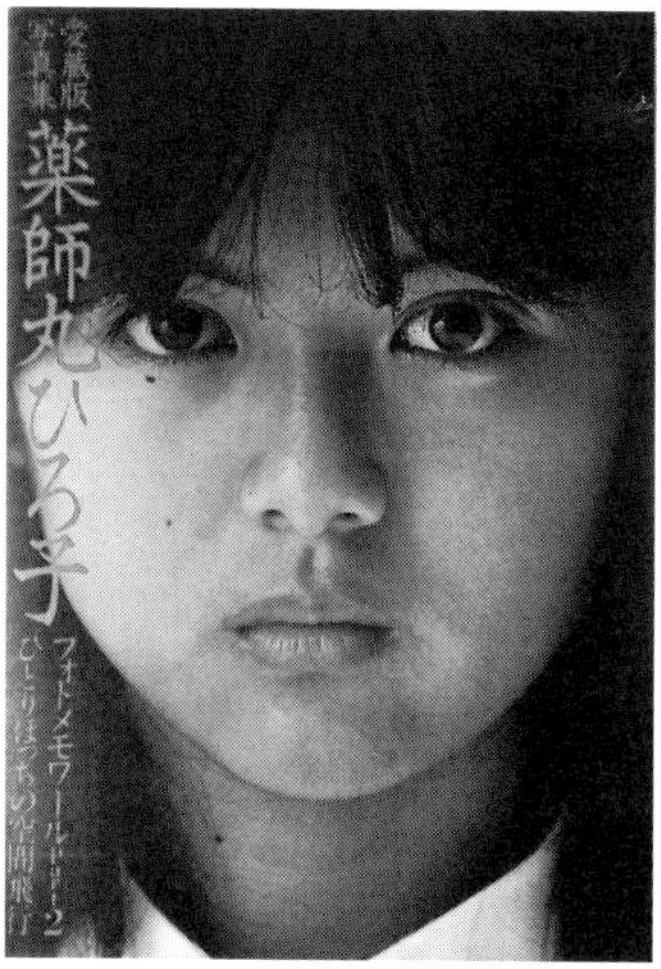

「ひとりぼっちの空間飛行」(角川書店)

彼が亡くなってから、ふた月が経って、今、僕はしみじみ思う。自分が、克己のいない世界を生きていると。この世界は、克己のいない世界なんだ。

早稲田大学大隈講堂裏にて

埼玉県立川越高校3年D組「一味同心」

ただ、あの写真集だけが、書架に残っている。取り出してみると、不思議なことに、それは、まるで新品同様だ。そこから続く僕らの四十年間が、まだ丸々手つかずに残っているみたいに。

坂本正彦

読み応えあり！ ココロを潤す
神山典士の本

「忌野清志郎が聴こえる 愛しあってるかい」

定価：本体 1500 円＋税
発行：アスコム

渋谷屋根裏から飛び立った RC サクセションの軌跡と奇跡。初めてルージュを引いた夜。仲間の死と清志郎の覚悟。恩師の言葉を胸に。自分を信じ切った男の感動物語。
本書「屋根裏のユミさんと RC と」、誕生のきっかけになった一冊。Amazon 電子出版でお求めください。

「ピアノはともだち」
発行：青い鳥文庫

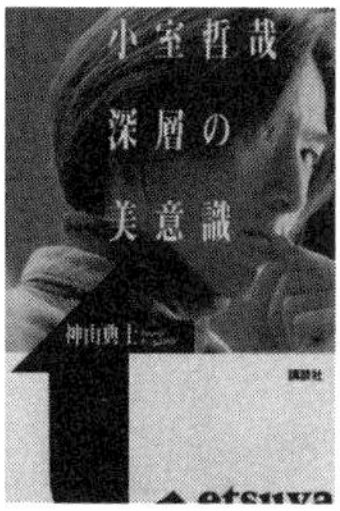

「小室哲哉 真相の美意識」
発行：講談社

「ペテン師と天才 ～佐村河内事件の全貌」
発行：文藝春秋

「生きること演じること」
発行：ぴあ

「知られざる北斎」
発行：幻冬舎

「川越高校の リベラルアーツ教育」
発行：青月社

Amazonほかで絶賛発売中！
気になる「書籍タイトル」か「神山典士」で今すぐ検索！

STAFF

■総合プロデューサー

佐々木克己

60年生まれ。川越高校卒業後、早稲田大学文学部入学、舞台美術研究会に所属。卒業後は練馬区役所勤務、区役所初の国内留学制度により、東京都立大大学院卒業。「練馬アニメカーニバル」、「みどり30 推進計画」など数々の公的イベントを成功させ、区民のために尽力。編著に「大隈裏 1967-1989 早大演劇研究会と舞台美術研究会の22年」(演劇ブック)。

■屋根裏編集部 プロジェクトリーダー

KSP (Sasaki Katsumi Presents) 屋根裏ブックス代表

神山典士

ノンフィクション作家、佐村河内事件報道により第 45 回大宅壮一ノンフィクションン賞 (雑誌部門) 受賞。著書は『知られざる北斎』(幻 冬舎)、「忌野清志郎が聴こえる　愛し合ってるかい」(アスコム) ほか多数。北斎サミット Japan 代表。

■表紙デザイン

浅葉克己

■表紙撮影　鈴木薫

■着付けスタイリング　ルミックスデザインスタジオ　柴崎るみ

■表紙ヘアメイク　谷口あゆみ

■表紙デザインアシスタント　桂澤源（浅葉克己デザイン室）

■表紙衣裳協力 **Rumi Rock**

■制作協力　青月社代表取締役　望月勝

■編集・デザイン

笠井譲二（青月社）、大竹香織（屋根裏編集部）

■撮影

大森裕之、カワセノリコ、みや

■コミック

Tabby RECORDS

■屋根裏ブックスアドバイザー

大関陽一、小泉カツミ、増渕英紀

■SPECIAL THANKS

仲井戸麗市
藤井康一（ウシャコダ）
三文役者スタッフ SANA
相馬大輔
渡辺尚子
山屋徹（H-men）
石川俊明（OUT）
宗像和仁（The waltz・ディファレンツ）
河合武（横浜パラダイス）
hasriq（感じたこと、思ったことノート）
佐々木鈴江
坂本正彦
湯川トーベン
小川銀次

表紙撮影のひとコマ。
浅葉克己氏と著者池畑。

著者池畑と神山。

Information

屋根裏ブックス第一弾！ 電子書籍化！

「大隈裏 1967-1989 早大演劇研究会と舞台美術研究会の22年」

本誌「屋根裏のユミさんとRCと」の総指揮プロデュサー佐々木克己が残した80年代、小劇場演劇の集大成。新たに、筒井真理子、清水宏、池田成志の描き下ろしエッセイを加え電子書籍化。詳しくは Amazon にて検索！

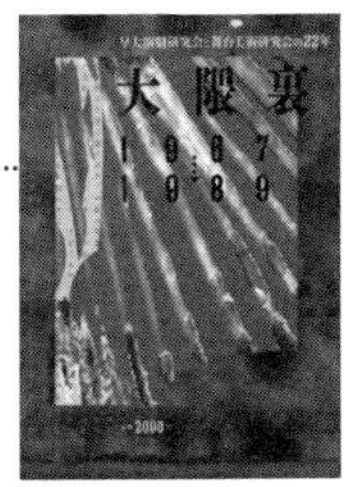

屋根裏のユミさんとRCと

発行日　2020年12月10日　第1刷

定　価　本体1500円＋税
著　者　池畑ユミ

発　行　株式会社 青月社
〒101-0032
東京都千代田区岩本町3-2-1 共同ビル8F
TEL 03-6679-3496　FAX 03-5833-8664

印刷・製本　シナノ書籍印刷

ISBN 978-4-8109-1340-8